ANÁLISIS DE LA EVOLUCIÓN DE SU JUEGO

ÀLEX DELMAS

Messi táctico / Àlex Delmàs. - 1a ed . - LIBROFUTBOL.com, 2018.
246 páginas; 15,2 x 22,9 cm.

ISBN 978-987-3979-45-3

1. Fútbol. I. Título.
CDD 796.334

MESSI TÁCTICO
de **Àlex Delmàs**

Diseño de cubierta: Luciano Medvetkin
Diagramación interior: Luciano Medvetkin
Foto del autor: © Àlex Delmàs
Fotos del interior: © Shu Kitayama

LIBROFUTBOL.com
Olga Cossettini 1112 - oficina 8F - Ciudad de Buenos Aires - Argentina
ediciones@librofutbol.com - whatsapp +54 9 11 2215 1982

1ª edición: mayo 2018

ISBN 978-987-3979-45-3

ÍNDICE

PRÓLOGO

EL MEJOR REGALO 5

INTRODUCCIÓN 9

CAPÍTULO 1. **EL MESSI INICIAL (MESSI VERSIÓN 1.0)** 11
- ESPÍRITU DE MEDIAPUNTA 14
- INICIA PARA ACABAR 14
- VOZ AUTORIZADA 14

CAPÍTULO 2. **EL MESSI INICIAL (MESSI 2.0)** 17
- CARTA DE RECOMENDACIÓN Y SU PRIMER GOL 18
- EL ESQUELETO TÁCTICO DEL MESSI 2.0 19
- Diagonal preferida 21
- SU MARGEN DE MEJORA 25
- CRECIMIENTO EN BASE A ELLO 28

CAPÍTULO 3. **EL MEJOR MESSI (MESSI VERSIÓN 3.0)** 35
- LOS INICIOS 37
- LA CONSOLIDACIÓN 40
- LA BASE QUE DISPARA A MESSI 44
- EL FALSO NUEVE 50
- LA CUMBRE JUGADOR-EQUIPO-IDEA DE JUEGO 57

CAPÍTULO 4. **MESSI 4.0 (EL YIN Y EL YANG)** 61
- LA LLAVE DE LA POSICIÓN DE FALSO NUEVE 62
- CONCEPTOS QUE QUEDAN POR EL CAMINO 67
- DESACELERACIÓN FUTBOLÍSTICA 72
- PLAN ANTI MESSI 79

CAPÍTULO 5. **MESSI EN LA ESTRATEGIA** 85
- EL OBSTÁCULO DE LAS FALTAS DIRECTAS 86
- EL DOCTORADO EN LOS LIBRES DIRECTOS 87
- MESSI DESDE LOS ONCE METROS 89
- FORMAS DE LANZAMIENTO 90
- ¿CÓMO LANZA LEO MESSI? 93
- SU MOMENTO DELICADO 94
- EL GOLPE DE UN GENIO 95
- LA VIDA SIGUE 97
- CRECIMIENTO CON LA DERECHA 97

CAPÍTULO 6. **MESSI Y EL TRIDENTE (MESSI 5.0)** 99
PRUEBA Y ERROR 103
EL TRIDENTE COMO ENTE PROPIO 120
LA SOBREEXPOSICIÓN DEL ECOSISTEMA 134
EL MESSI 5.0 PROTECTOR 141

CAPÍTULO 7. **MESSI Y ARGENTINA** 149
TÁCTICAS PARALELAS CON EL F.C. BARCELONA 150
MESSI EN EL DISEÑO SABELLA 151
MESSI Y MARTINO 159
SITUACIÓN CRÍTICA PARA MESSI 168
EL EFÍMERO PASO DE BAUZA 169
MESSI EN EL MODELO SAMPAOLI 169

CAPÍTULO 8. **MESSI UNIVERSAL (6.0): EL MAYOR RETO DE LEO** 171
MÁS DIFÍCIL TODAVÍA 172
EL NUEVO PUNTO DE INFLEXIÓN 182
Finaliza con gran calidad. FC Barcelona - Juventus (12/09/17) 186
EL MOMENTO MÁS CRÍTICO 189
SALVAR EL ABISMO 191
LA PROGRESIÓN DE LAS IDEAS 196
REALIZADOS LOS VUELCOS, APARECE EL MESSI UNIVERSAL (6.0) 198

CAPÍTULO 9. **BUSCANDO LA QUÍMICA** 211

CAPÍTULO 10. **VISIONES EXTERNAS** 231

AGRADECIMIENTOS 243

SOBRE EL AUTOR. **ÀLEX DELMAS** 245

Paso 1

Ingresar a Google Play o Apple Store y descargar la App lectora de QR.

Paso 2

Instalar y abrir la App en tu dispositivo móvil.

Paso 3

Escanear el código QR para poder acceder al contenido exclusivo.

PRÓLOGO
El mejor regalo

No hay un futbolista mejor y más agradecido en el mundo que Messi.

No tiene truco, sino que su juego remite a las esencias del fútbol, a la infancia, al niño que fue el hincha que hoy le juzga en cualquier estadio, muy especialmente en el Camp Nou. Juega siempre y en cada partido deja rastro, incluso en el más anónimo, como si todavía pateara en las calles de Rosario. Así que al aficionado le conviene ir al estadio y recrearse después en casa con las imágenes de la actuación del 10. Es una suerte para el hincha.

A partir de Messi, se ha podido actualizar la historia del fútbol, la de figuras como Pelé, Di Stéfano, Cruyff o Maradona; la de los grandes goleadores, pocos tan resolutivos como Torpedo Muller; la de clubes centenarios, ninguno como el Barça, y la de selecciones de la categoría de la albiceleste. El argentino permite las comparaciones más inverosímiles, las discusiones más bizantinas, la mejor difusión del fútbol. Es un regalo para la prensa.

El efecto del Messi sobre el Barça es equiparable hasta cierto punto al que en su tiempo tuvo Di Stéfano respecto al Real Madrid. Títulos al margen, hay, sin embargo, una diferencia notable porque el rosarino ha sobrevivido a los mandatos presidenciales de Gaspart, Laporta, Rosell y ahora Bartomeu y su fútbol ha sido capital para entrenadores tan diferentes como Rijkaard, Guardiola, Tito Vilanova, Tata Martino, Luis Enrique o Valverde. Es una bendición para el palco y el banquillo.

Y sus compañeros, desde Ronaldinho hasta Piqué, pasando por Xavi, le señalan como el factor decisivo para explicar la jerarquía azulgrana: el Barcelona ha ganado con Messi cuatro de las cinco Champions conquistadas en su historia; 8 de 24 Ligas, 5 de 29 Copas y los tres Mundiales,

30 títulos en total si se cuentan todos los torneos en los que hasta ahora ha competido el 10. Las figuras de Ronaldinho, Eto'o Herny, Ibra, Villa o Neymar se han agrandado con Messi.

Los extranjeros han marcado históricamente la diferencia en el Barça. Kubala, Cruyff, Maradona, Koeman o Ronaldinho fueron la mejor expresión de los éxitos del Barcelona. Messi no sólo les ha superado individualmente y de manera colectiva con su equipo, sino que además ha sido un jugador producto de su cantera, la fábrica de La Masia. El 10 ha interiorizado el solfeo futbolístico azulgrana desde niño para interpretarlo de mayor como el mejor solista del mundo.

Hay un cambio cualitativo que explica la evolución de Messi: ya no se habla de messidependencia, sino de que el 10 es el líder, el jugador que le da identidad y sentido al juego del Barça. El estilo y el ADN barcelonista combinan con las necesidades de Messi. Ha ido de fuera hacia dentro del campo, poco a poco, como cuando su abuela Celia invitó a Salvador Aparicio, el técnico del Grandoli, a que metiera en la cancha a su nieto de cuatro años pese a que era muy chiquitín: "Ponedlo porque os va a ganar el partido".

Leo ganó aquel encuentro y desde entonces no ha parado de cantar victoria, como extremo, falso nueve, ariete puro, enganche o volante central, ahora mismo convertido en un futbolista total. Interviene mucho, le salen los goles por las orejas, ha aumentado su repertorio de gambetas, toques, pases y combas, es capaz incluso de quitar la pelota tantas veces como el central y se siente muy responsable por la cinta de capitán que lleva en su brazo.

La trayectoria y la obra, tan extensas como universales, exigen una mirada profunda de especialistas como Alex Delmàs, exfutbolista y acreditado analista en medios como Barça TV, Catalunya Ràdio, Ràdio Barcelona, La Vanguardia y The Tactical Room. Las credenciales del autor y el título del libro son suficientemente expresivos para celebrar la publicación, que no será a buen seguro una más, sino que aspira a marcar una pauta para medir y descifrar como se merece el impacto futbolístico del 10.

A sus 30 años, Messi ha madurado como futbolista y como persona sin perder humildad ni familiaridad, esquivo con la prensa, muy poco mediático. El 10 se expresa en el campo a la velocidad de la luz. Nadie sabe dónde están los límites, imposible conocer hasta dónde puede progresar, tan bueno que la hinchada ya no cuenta los títulos que gana, sino los que deja de ganar, como si fuera infalible, convertido en el mejor jugador de la historia, en el futbolista que seguramente más honra a su oficio porque siempre quiere jugar.

Abres la persiana del Camp Nou y siempre aparece Messi. Un regalo que no tiene precio.

Ramón Besa

Periodista catalán, jefe de la sección Deportes
en El País de Catalunya.

23
17
10
MACHADO
13

INTRODUCCIÓN

Todo empezó un caluroso día de verano. Corría el 22 de junio del 2004 y yo contaba con 26 años. Radio Marca Barcelona concedía los premios individuales a una temporada ya finalizada. Por aquel entonces yo militaba en la Tercera División y tuve el honor de recibir el premio al mejor jugador de tal categoría. Era la temporada 2003/04. Un reconocimiento que se otorgaba a criterio de periodistas y seguidores. Verdaderamente fue un día muy especial para mí, de aquellos que quedan grabados en la memoria.

En la sesión de fotos habitual, todos los galardonados nos reunimos para ello. Justo a mi lado estaba un niño tímido, reconocido bajo la denominación Crack10. Una distinción asignada a la joven promesa con mayor proyección futbolística. Y fue justo cuando los fotógrafos tomaban sus instantáneas, que se produjo un momento irrepetible. Lo recuerdo con especial afecto a día de hoy:

—¡Todos estos están aquí por ti! —Le comenté en voz baja mientras posábamos.

—Sí —respondió él con una timidez incalculable.

Ese niño era argentino y respondía al nombre de Lionel Messi. Le miré con complicidad. Él me apartó la mirada retraída muy rápidamente. Sus más cercanos cuentan que él es así: simple y humilde. Acto seguido, las fotos generales y las conversaciones de los invitados al acto rompieron aquel instante tan entrañable. Fueron solo unos pocos segundos, pero doy fe de que así mismo actuó.

En solo unos meses había dinamitado tres categorías y había asombrado los ojos de toda la Segunda División B. Y aunque se trataba de una promesa realmente impactante, nadie imaginaba que estaba ante la irrupción del que, en mi opinión, sería el mejor jugador de la historia de este deporte.

Desde ese día siempre he sentido un cierto magnetismo por su trayectoria. Nuestros caminos confluyeron justo al inicio de su boom futbolístico y esto me ha hecho tener una especial complicidad emocional en la distancia. De todos los focos con los que constantemente sigo este fantástico deporte, siempre ha habido uno reservado para él. Una mirada para todo el fútbol que mi mente puede abarcar y otro específico para el astro argentino. Sus movimientos, su crecimiento, sus etapas, su lectura, su evolución, sus diferentes roles, su jerarquía en el juego...

Cuando me propusieron escribir este libro dudé algún tiempo hasta que por fin, un buen día de mayo, me di cuenta de que tenía que ser acerca de Messi y su indisociable relación con el fútbol. Sobre el astro argentino se ha escrito mucho. Es cierto. Pero nada que se concentre puramente en conceptos futbolísticos y aspectos tácticos en su evolución por las diferentes etapas que todos los jugadores tenemos. En este libro me quiero centrar en las enseñanzas tácticas que él, como indudable líder futbolístico, nos ha ofrecido a lo largo del tiempo y todavía hoy nos sigue regalando. Cómo ha sido su evolución futbolística y sobre qué bases se han sustentado cada una de ellas. Cómo él ha influido en el entorno y cómo los compañeros se han adaptado a Messi a lo largo de los años. El mundo táctico de Leo Messi es un mundo mágico que explorar. Tenemos el privilegio de convivir con el que es el mejor jugador de la historia de este fantástico deporte. Y yo me siento ligado a él. No únicamente por el momento descrito antes, sino que por muchos otros motivos: por contemporaneidad, por ocupar una posición en el campo similar durante mi época de jugador y por tener la suerte de poder vivir el día a día de sus partidos como analista futbolístico.

Así que, por coherencia y por conocimiento, este libro gira alrededor del fútbol y por supuesto de él, de un futbolista irrepetible... de Leo Messi.

CAPÍTULO 1

EL MESSI INICIAL (MESSI VERSIÓN 1.0)

"Era muy bajito, casi no hablaba y nadie podía imaginar la que nos iba a liar", comentó Gerard Piqué refiriéndose a cuando coincidió por primera vez con Messi en el terreno de juego.

Leo Messi llegó al F.C. Barcelona en el 2000 después de que el entonces representante de jugadores Josep María Minguella le consiguiera una prueba en el club. "Yo lo único que hice fue llamar a Carles Rexach y pedirle que hiciera una prueba a aquel chaval", se limitó a confirmar Minguella. El departamento de fútbol base azulgrana convocó al joven argentino a un partido de prueba con el infantil A. Marcó seis goles, disparó dos veces al poste y a la media parte tuvieron que cambiarle de equipo para equilibrar el amistoso. Carles Rexach lo vio en la prueba y se disipó la posible indecisión: "Llegué con el partido empezado y no me dio tiempo a sentarme. Tenía claro que, si no le fichábamos, nos arrepentiríamos".

A los 13 años estuvo a punto de abandonar la práctica del fútbol. Fue en su segundo partido como jugador del F.C. Barcelona. Una inoportuna lesión le dejó fuera de los terrenos de juego. Para cualquier otro, eso hubiera sido una desgracia para su formación, pero su ambición futbolística hizo revertir la situación. Creo que este fue uno de los momentos más determinantes de su formación en la base.

"Como jugador siempre he aprendido mucho de los entrenamientos en los que, haya sido por molestias o por cualquier otro argumento, no haya podido participar con mi equipo. Y hago especial énfasis en esta última parte: entrenamientos de mi equipo. Esos largos tiempos viendo el juego desde la perspectiva de la banda o de la grada me hicieron comprender multitud de aspectos del juego. Cómo actúa una defensa moviéndose en bloque, qué objetivos busca el entrenador con una determinada estructura de juego, cuáles son los objetivos de esta forma de jugar.

Así mismo he aprendido enormemente fijándome en compañeros durante todas esas horas. Y no sólo de los que ocupaban posiciones similares a las mías en el terreno de juego, sino de absolutamente todos. Recuerdo con especial atención una temporada en la que coincidí con un futbolista que utilizaba el cuerpo de manera sensacional. Me captivaba su manera de dejarlo caer encima del rival justo cuando este intentaba asaltarle el balón. Me fijaba, practicaba y me volvía a fijar. Con el tiempo realmente interioricé estos movimientos de protección porque es ahí donde recae el quid de la cuestión. Las acciones en pleno juego tienen que salir sin pensar. Y verdaderamente ésta fue una mecánica que creo que me sirvió de mucho el resto de mi carrera".

Volviendo a Leo Messi, fueron muchas las horas que el astro argentino se pasó observando todos los entrenamientos de su equipo. Y repito todos, porque no se salta ninguno. Es por ello que creo que, lejos de ser una adversidad, supone una gran suerte para el jugador. Son meses de observación, centenares de días de enseñanzas que el fútbol te da sin notarlo.

Desde mi punto de vista, estos días le sirvieron al crack argentino para forjarse en lo que es nuevo para él, una manera de entender el fútbol. A su indudable e innato talento le suma la interiorización de una metodología. No hay mejor manera de hacerlo que con la mezcla que el destino le depara: observando toda esta forma de proceder, comprendiendo decididamente todos los ejercicios y haciéndolo en una fase media de la formación. Justo cuando todos los futbolistas somos esponjas. Pero ¿cómo es el Leo Messi más precoz?

Si bien es cierto que el argentino siempre ha sido un futbolista fulminante de movimientos, también lo es en su versión más prematura. Tiene una electricidad especial e inalcanzable. Se trata de un jugador fresco y diferente en todo lo que hace. Entiende el juego como un duelo individual en todo el campo y todas sus jugadas contienen, como mínimo, algún desafío en forma de regate.

Ante una situación de dificultad, siempre la misma solución: regate individual.

Utiliza su electricidad de movimiento para escapar con mayor facilidad.

Nueva situación, idéntica solución: con regate.

A cada salida de ***dribling*** le suma movimientos y muy buena conducción de balón.

¿El objetivo? Superar a todos los rivales que se intercalan entre él y la portería.

ESPÍRITU DE MEDIAPUNTA

Lo que sí le aprecio de una manera indisoluble a Lionel Messi es su espíritu de jugador libre. Su ánimo de mediapunta sobresale en su rico fútbol. Su paso por las diferentes categorías del equipo azulgrana le libera posicionalmente. Aunque en su etapa infantil es ubicado en el lado izquierdo del ataque, ya al final de su etapa cadete pasa a abandonar este flanco para desarrollar plenamente sus virtudes como regateador y pasador. Aparece en todas las partes del campo.

De una manera más temerosa muestra el repertorio que más tarde apreciaríamos en su juego. Recibe en zonas internas, controla, regatea y focaliza la atención de rivales más allá de su marca. Sus números realizadores son buenos, pero no tan abrumadores como los que más adelante veríamos.

INICIA PARA ACABAR

Su perspectiva es amplia aunque más sellada de realización. La cantidad de recursos hace que alargue jugadas y que sea el propio desarrollo de las acciones la que fuerce a acabarlas. No entiende de etapas intermedias ni de pasos medios para el avance de la jugada. Es posible que el potente resultado de sus cualidades individuales tan talentosas haga que no se aprecie en él rastros marcados de la lectura futbolística que lleva dentro. Sin duda, ya la llevaba dentro, pero se apreciaba a cuentagotas. Cuando inicia es para ser concluyente.

VOZ AUTORIZADA

Jaume Marcet Masó es periodista de Barça TV desde el 2000 y ha seguido la mayoría de los partidos del fútbol base del Barça. Así mismo, es el narrador de las transmisiones de todos los partidos del F.C. Barcelona en Barça TV, de las cuales, he tenido la suerte de ser el analista técnico. Es una de las personas que mejor conoce futbolísticamente a Leo Messi y, sin duda, una de las pocas personas en el mundo que ha seguido el día a día evolutivo del diez. Una voz más que autorizada para hablar sobre el Messi en su etapa inicial, la del fútbol base.

—¿En qué posición jugaba Messi durante la base?

—Leo Messi jugó la mayoría de partidos de mediapunta en el fútbol base azulgrana. En esos años, el esquema común en todos los equipos de la Masía era un 3-4-3 y Leo jugaba de 10, de enlace entre los tres centrocampistas puros y los tres delanteros.

—¿Cambió de posición durante esos años?

—En sus dos primeros partidos oficiales con el Infantil B de Xavi Llorens, Lionel jugó de extremo zurdo. En los amistosos con el Cadete B también solía actuar en esta posición, mientras esperaba solucionar los problemas burocráticos que le impedían competir. En la segunda vuelta de la temporada 2001/02 ya pudo jugar partidos oficiales y lo hizo de mediapunta. En esta misma posición actuó en el curso 2002/03 con el Cadete A. Fue la única campaña entera que pudo jugar con un mismo equipo y sin problemas en la cantera azulgrana. En la temporada 2003/04 y coincidiendo con la llegada de Rijkaard al primer equipo, se pide a todos los equipos inferiores adaptarse al 4-2-3-1 siguiendo el plan del holandés. En este esquema Messi juega de 10 con el Juvenil B, Juvenil A, Barça C y Barça B, los cuatro equipos inferiores del Barça en los que actúa en esa temporada.

—¿Cómo es Leo Messi como persona? ¿Crees que este carácter tímido pero bestialmente competitivo se ha ido forjando o siempre lo ha llevado dentro?

—El carácter de Messi siempre ha tenido dos directrices: timidez fuera del campo, y determinación y gen ganador en el terreno de juego. Chico de pocas palabras, pero con las ideas muy claras. De pequeño siempre combinó un amor extremo por la pelota con una rabia infinita por perder. Messi quiso siempre divertirse ganando. Vencer con sentido lúdico sin separar nunca ambos conceptos. No le servía ganar sin disfrutar y, menos aún, pasarlo bien pero perder.

—¿Cuáles crees que fueron los momentos que lo han marcado en la base?

—Para mí son clave las dificultades que afrontó en sus inicios. Por un lado, la lentitud del club a la hora de decidir su contratación. Por otro, su lesión a los dos partidos de su debut y finalmente los problemas que puso Newell's Old Boys para que el Barça tuviera el transfer, un trámite imprescindible para poder competir. Todo eso le endureció antes de lo previsto.

—¿Cuál crees que es el entrenador que le ha influido más?

—Su primer entrenador en la cantera azulgrana fue Xavi Llorens, pero seguramente Tito Vilanova en la segunda mitad del curso 2001/02 fue el técnico con quien más conectó. Su compatriota Guillermo Hoyos y el ex jugador del Barça Juan Carlos Pérez Rojo fueron también entrenadores decisivos en su crecimiento.

—¿Qué aspectos tácticos destacarías del Messi en la etapa de base?

—Ya sea en un 3-4-3 o en un 4-2-3-1, el Messi del fútbol base es un mediapunta más cercano a lo que entendemos como centrocampista que atacante. Siempre con dos extremos y un 9 por delante, su función era asistir a los puntas. Su capacidad goleadora ya era notable, pero en ningún caso se advertía en esa época la voracidad que explotaría en el primer equipo.

CAPÍTULO 2

EL MESSI INICIAL (MESSI 2.0)

Leo Messi empieza a formar parte del primer equipo azulgrana durante la temporada 2004/05. Llega a participar en siete partidos, consiguiendo su primer gol con la camiseta del equipo.

La base de este libro es la de hablar de fútbol a través de Messi. La primera de las reglas para hablar de los conceptos tácticos es hacerlo en una cierta regularidad y es precisamente por ello que catalogaría la franja del Messi inicial a partir del siguiente curso. No fue hasta bien entrada la temporada 2005/06 en la que el astro argentino se aposenta de una manera permanente en el engranaje global. Frank Rijkaard cuida de él poco a poco y le va dando entrada en el equipo progresivamente. El técnico siempre se ha distinguido por su excelente trato con los jugadores jóvenes. En este sentido, siempre he pensado que nunca se le reconocerá suficientemente lo que el entrenador holandés ha aportado al F.C. Barcelona. La paciencia y el cuidado en la progresión de jugadores determinantes en la historia reciente del club azulgrana como Xavi, Iniesta o Messi.

El caso de Leo Messi es diferente a la de cualquier otro jugador. Frank Rijkaard aguanta su proceso formativo hasta que puede contener la situación. Es evidente que el propio jugador lo revienta todo. Su aparición es tan incontrolable y tan definitiva que una creciente presencia en el equipo no puede prolongarse más que unos meses. En la temporada 2005/06, el crack argentino ya forma parte del dispositivo habitual del grupo. Su carácter tímido y constante se transforma dentro del césped de una manera radical.

CARTA DE RECOMENDACIÓN Y SU PRIMER GOL

Su primer gol llega el 1° de mayo del 2005 en un F.C. Barcelona-Albacete. A falta de cuatro minutos para la finalización del partido, Leo Messi salta al campo y excita el partido. Solo tres minutos después recibe un balón de su amigo Ronaldinho y bate a Valbuena con una vaselina, pero el colegiado anula la jugada por un supuesto fuera de juego. La jugada se repite ya en el tiempo añadido. Ronaldinho y el argentino dibujan nuevamente la acción y esta vez sí que sube al marcador. Realmente es anecdótico pero es una jugada que define ya una gran parte de su personalidad. Concreta el jugador que posteriormente será.

Messi tira un desmarque de ruptura, Ronaldinho espera el momento ideal de pase (izq.)

Visualiza y piensa (der.)

Tranquilidad, personalidad y calidad para definir en vaselina

Su inquietud en el verde le hace tirar el desmarque en profundidad, pero tiene la virtud de no entrar en fuera de juego. Gana la carrera a sus marcadores producto de la inercia con la que viene. La asistencia de Ronaldinho es espléndida aunque la definición de Messi todavía es mejor. Esa zurda de oro muestra lo que probablemente ha sido la acción más utilizada en él para definir: una ligera y suave vaselina. Tal detalle explica gran parte del carácter de un chico de tan solo 17 años en el marco

de un club extraordinario. No solo lo hace una vez, sino que lo repite. Es el primer gol de Leo Messi, un gol que seguro va a recordar toda su vida.

EL ESQUELETO TÁCTICO DEL MESSI 2.0

Sigamos adelante en esta fase del futbolista. ¿Sobre qué bases se sustenta el jugador que ha impactado en Europa con su talento? ¿Cómo es tácticamente el Messi 2.0? A continuación, los puntos que son más importantes en su primera etapa.

Disciplina táctica

Uno de los aspectos más destacables de esta versión inicial de Messi es la alta rigurosidad en la posición táctica. Está permanente abierto en el vértice derecho de la última línea azulgrana. Habita la gran mayoría de minutos en esta zona concreta y su rol posicional es estricto. Seguramente su recién llegada al equipo y su timidez personal influyen a la hora de ser más precavido en ello. Quiero destacar que cuando hablo de timidez únicamente me refiero al plano preciso de su carácter, ya que su personalidad futbolística dentro del terreno de juego está en el lado opuesto de este atributo. Lo ha demostrado sobradamente en su dilatada carrera futbolística.

El hecho de emerger rápidamente en un equipo con un buen número de personalidades marcadas como Ronaldinho, Eto'o, Deco o Rafa Márquez también empujaron a que su ubicación sea mayoritariamente permanente en la derecha.

Posiciones tácticas rigurosas: netamente abierto a banda, secuencia Real Madrid - FC Barcelona 2005/06

Aventuras hacia el centro

A pesar de los condicionantes del punto básico mencionado, al crack argentino también le sale alma de mediapunta. Leo Messi creció en este rol y siempre lo será. Este hecho ya se nota en la fase inicial del jugador. Puntualmente explora zonas interiores. Él sabe que su jerarquía todavía no le permite romper persistentemente la posición del equipo, pero es así mismo palpable que lo necesita. Tanto es así que casi cada vez que se tira hacia el centro es para recibir el balón e iniciar una jugada más o menos trascendental. El propio jugador lo percibe como una pequeña concesión e intenta sacar el máximo rédito ofensivo de ello. La explicación radica en dos hechos:

a) Sabe que no tendrá muchas oportunidades de partir de esta ubicación más centrada y, en consecuencia, más ventajosa.

b) Es evidente que aún se encuentra en una etapa muy tempranera de su madurez en el juego. Su visión todavía tiene más parte de individual que de global.

Eléctrico en sus acciones

La velocidad siempre ha sido una de las múltiples y grandes fortalezas del jugador. Destaco particularmente la rapidez en la conducción de balón. Se distingue que Leo Messi es un auténtico elegido en esta maniobra, ya que su velocidad sin balón es exactamente la misma que con él. En la evolución de cualquier jugador la rapidez es lo primero que se pierde con la edad. Recuerdo perfectamente estas sensaciones como futbolista:

"Yo nunca había sido un jugador enormemente rápido. Mi juego se basaba en otras virtudes. De hecho, todavía recuerdo esa sensación. Poco a poco y, sin saber precisamente cómo, perdí la punta de velocidad. Pese a encontrarme muscularmente muy bien, el pico de velocidad máxima disminuyó de una manera repentina. Esa es la primera señal que noté para pasar a una evidente segunda etapa de esta fase: la sensación de que eran menos los segundos en los que podía sostener esa velocidad máxima. A partir de ahí, se va perdiendo frescura gradualmente en los movimientos futbolísticos más explosivos. Eso es lo que nos pasa a los jugadores con el paso del tiempo".

¿Qué quiero decir con esto? Pues que si todavía vemos al Messi actual con una dosis de velocidad muy alta, en estos inicios que nos ocupa este capítulo todavía es mayor. El azulgrana es realmente eléctrico e imparable cuando utiliza la velocidad como opción. Sus movimientos son tan sorpresivos como vertiginosos; sus conducciones, inalcanzables para los defensas.

Diagonal preferida

Ya se distingue claramente uno de sus rasgos más característicos y lo que es, casi con total seguridad, su jugada favorita: la conducción en diagonal. Con los años iremos viendo repetidamente esta secuencia miles de veces y en centenares de goles. Encara y sortea rivales a partir de la trayectoria favorable y del dominio de la conducción. Aunque es un recurso muy utilizado por los jugadores de banda a pierna cambiada y, a pesar de no llegar todavía a los veinte años de edad, ya se trata del jugador del mundo del fútbol que mejor lo aplica.

"A lo largo de este libro repetiré un aspecto que considero que me ha aportado mucho en la visión del fútbol: haber jugado en distintas posiciones. Jugué durante toda una temporada como extremo a pierna cambiada y ésta es una maniobra fantástica por dos motivos fundamentales: salida de balón más segura y progresión a perfil bueno con posibilidad de pase.

Uno de los hechos importantes es disponer de campo. Recuerdo que el entrenador de esa época insistía a nuestro delantero centro que tirara desmarques en profundidad cada vez que yo recibía el balón al pie. Con Benja Martínez (jugador que jugaría en el filial del F.C. Barcelona posteriormente) cogimos la mecánica a la perfección. Combinamos muy bien el pase al espacio con diagonales al centro. Él me abría huecos y los pases hacían "creíbles" sus movimientos. Se me escapa una sonrisa cuando rememoro lo insistente que yo era con mi compañero y amigo Ramon Gatell (un joven y potente interior), que no me doblara para no comerse la zona. Todos estos detalles pasan rápido. Lejos de que puedan parecer banales, son primordiales para que la cadena de movimientos cree una atmósfera propicia para la ejecución de una jugada tan concreta como la descrita".

Todo ello puede habilitar, mejorar o entorpecer una secuencia como esta. El ejemplo inmejorable llega en su debut con el primer equipo del Barcelona (Espanyol-F.C. Barcelona, 16 de octubre de 2004). Este es uno de los primeros balones que Leo Messi toca en el encuentro:

→ Controla para focalizar a su marca: En este tipo de acciones no interesa el marcador alejado, sino todo lo contrario. Lo ideal es tenerlo cerca para que, con el movimiento de control y salida, pueda ser vencido. Por lo tanto, dependiendo de la situación de la marca, es necesario un control previo o no. En esta jugada particular, el crack argentino lo realiza para atraer al defensa a su territorio (entre uno y dos metros de distancia) y pasar a la siguiente fase de su jugada predilecta.

Control para focalizar y acercar a la marca

→ Salida al lado favorable: Lo hace utilizando el exterior de la pierna más hábil. Se trata de la zona de mayor seguridad para un jugador y la que ofrece un mayor grado de imprevisibilidad.

Salida exterior con pierna hábil justo en la llegada de la marca

→ Se dan las condiciones para progresar y aprovechar la franja: Justo después de fijar la marca con el control, se hace imprescindible un segundo de visualización de la situación para emprender la acción. Bien, en el caso de Messi, ni eso. Nota, percibe, conoce, rubrica su entorno futbolístico al instante. Si se dan las circunstancias, la realiza como nadie. Si no aparecen, sosiega la posesión con una descarga al compañero mejor situado.

Para que las citadas circunstancias se den, es imprescindible que el panorama sea el apropiado. Es posible que ya el contexto traiga ventajas y, entonces, se trata de aprovecharlo. Pero puede ser también que no y ahí es cuando entran en juego los compañeros cercanos a balón. Aquí su decisión.

Compañero dobla por dentro para arrastre, apoyo posicional atrás, se crea una área "limpia" (arriba)
Aprovecha franja creada para iniciar diagonal adentro (abajo)

→ Progresión favoreciendo la pierna hábil: Inicia el camino en diagonal. Ya se aprecia que el argentino domina perfectamente esta práctica y que aprovecha casi todas las ventajas que tal maniobra concede al atacante. Se beneficia de la salida hacia adentro para reducir a cero la posibilidad de pérdida. En el fútbol, siempre la parte más alejada del rival es donde menos se expone el balón. La marca está preparada para un 1 vs. 1 en banda, así que se tensiona para ello y descuida ligeramente la parte interior.

La segunda ventaja con la que "juega" es de la pilotar la conducción vía su pierna hábil, lo que permite mayor control y mayor precisión de la misma. Pero justo en este instante y, situándonos concretamente en el Messi 2.0, es cuando se aprecia el margen de mejora que con el paso del tiempo conseguirá. Cuando propulsa este recurso, lo hace para ser definitivo. No abre mirada global ni juega con las opciones de pase para descolocar al rival. Volvamos a mi etapa futbolística:

"Como jugador yo solía tirar mucho de este recurso ofensivo cuando el entrenador decidía que jugara como extremo a pierna cambiada. Realmente una de las cosas que más me ayudaban era amenazar con realizar pase o pared para superar a los rivales que salían a mi encuentro. Situando mi cuerpo podía amenazar para luego recortar si interpretaba que el contexto era favorable para mí o, verdaderamente, dar pase en la búsqueda de una devolución al espacio. Si la decisión tomada era buena y viniendo en carrera, el éxito de la jugada estaba asegurado".

Messi todavía no utilizaba lo suficiente ese factor por aquel entonces. Su ímpetu le aventura a ir solo a estas aventuras. Un período pasajero ya que, con el tiempo y más bien pronto que tarde, adquiriría también ese recurso tan útil.

Rol terciario dentro de un tridente

Su ascenso al primer equipo conlleva que su aposento sea construido al lado de figuras muy potentes del momento. Quizá los dos futbolistas de más peso en el equipo son con los que cohabita en la línea más avanzada de campo: Ronaldinho y Samuel Eto'o. Así es que él empieza a formar la tercera pata del ataque azulgrana. Aunque paulatinamente va cogiendo peso dentro del grupo y la relación futbolística con los dos es fluida, su aporte no es pleno. Siempre vive ligeramente cohibido futbolísticamente o, como mínimo, sin realizar completamente sus acciones. Sus apariciones son muy impresionantes pero a cuentagotas. Si su protagonismo se erige demasiado, echa el freno para no resaltar de manera desmesurada. Pensando como jugador y aún más, conociendo al futbolista integral que después ha venido, seguro que no era así, aunque es evidente que algo de prudencia en él sí que hay. De alguna forma, también quiero destacar que es normal que así sea. Volvamos a mi etapa inicial como jugador...

"Considero que fui un futbolista con una personalidad muy marcada. De esos que se notan en un vestuario. De hecho, desde los 22 años, fui capitán en todos los equipos en los que estuve. En mi etapa inicial tuve la suerte de caer en un equipo histórico de la Segunda División y viví una sensación que, salvando las distancias, se asemejaba a la que el astro argentino debió sentir. Todo me parecía sobredimensionado y los jugadores que tenía al lado eran más que maestros. Eran prácticamente unos ídolos para mí. En poco tiempo, pasé de verlos en televisión y de leer sobre ellos a compartir vestuario. Obviamente mi fútbol estuvo condicionado por este hecho durante un tiempo. Jugaba limitado de interpretación, sujeto en creatividad y demasiado pendiente en devolver pases sencillos para facilitar el juego de los demás protagonistas. Y este condicionante me perduró bastante en el tiempo, quizá más allá de una temporada y media hasta que logré liberarme".

El astro argentino forma, por aquel entonces, el eslabón más débil de aquel trío. Así que creo normal y, hasta en un punto sano deportivamente hablando, que le ocurra también a él, aunque se trate del mejor futbolista que jamás he visto. Y no quiero acabar este apartado sin subrayar una sensación personal. Creo que esta vivencia dentro de un trío tan potente le forma y le enseña ciertas cosas que más adelante le van a servir enormemente.

SU MARGEN DE MEJORA

Es evidente que Lionel Messi todavía tenía muchos aspectos en los que trabajar. Aquí va la descripción con detalle:

Pierna izquierda cerrada

Sin duda, uno de los hechos más constatables en esos tiempos es su condición de zurdo cerrado. Todas las acciones las ejecuta con la pierna izquierda aunque este no sea el perfil más académico para ello. Su calidad y sus recursos le bastan para solventar circunstancias específicas. Confía tanto en su zurda que la utiliza para todo. Cuando el control de balón "pide" interior de la pierna derecha, él lo convierte en un exterior de izquierda. Cuando una orientación es claramente a su cara diestra, lo realiza con la zurda hacia adentro. Si se da la circunstancia de un pase claro a medio o un evidente cambio de orientación, confía en el exterior de su pierna hábil. Y cuando tiene posición de disparo neto con la derecha casi nunca lo confecciona. Prefiere recorte rápido y chut con su amada exquisita zurda.

Concepción del juego del Messi 2.0

Como es lógico y normal, su comprensión del juego ha ido en un aumento abismal con el paso del tiempo y de los años. El Messi 2.0 aún no tiene comprensión de juego global. Su desarrollo se focaliza en acciones individuales con poca asociación. Entiende el juego dentro de su propio universo y la gran mayoría de jugadas son para acabar. Son clara minoría las acciones en las que hay una combinación de grupo. La juventud y las ganas de comerse el mundo provocan de manera razonable ese tipo de visones contextuales. Demasiado a menudo olvida orientar su cuerpo en función del pase del compañero y del rival. Eso provoca unos segundos de más que, algunas veces, no le permiten seguir la jugada.

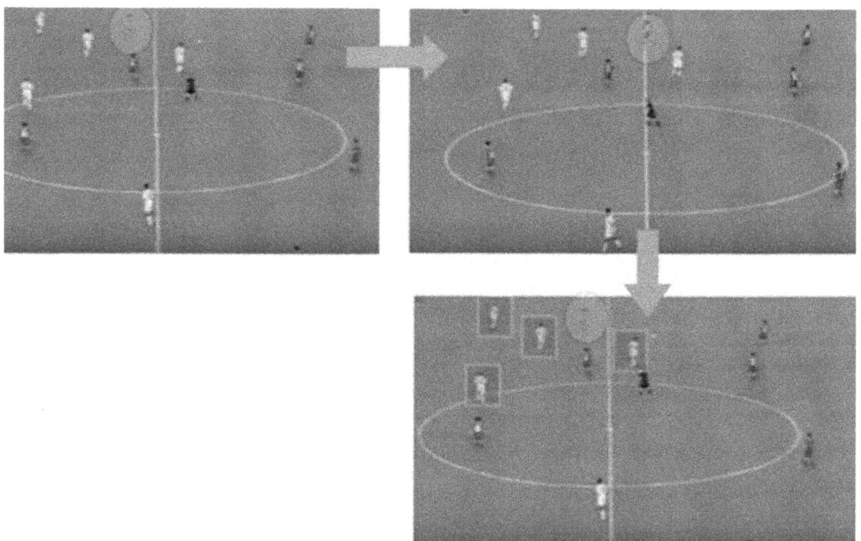

1. Recibe frontal: orientación del cuerpo no óptima. 2. Perfilación obliga a control y después giro con balón. 3. Exceso de tiempo conlleva a la llegada de ayudas rivales. Secuencia FC Barcelona - C.A. Osasuna 2005/06

Puede parecer una pincelada sin valor, pero es de una importancia capital para un jugador atacante. Acudir a la jugada con la orientación adecuada permite obtener igualdad sobre los contrincantes a la hora de recibir y concede la ganancia de segundos que puede ser la diferencia para que la jugada sea un éxito.

Timidez futbolística con pinceladas de su personalidad

La irrupción del astro argentino es tan brutal que no deja a nadie indiferente. Cada vez que aparece pasa algo grande e inverosímil.

Poca utilización de las complicidades próximas

Quizá este es el punto con mayor margen de mejora de todos los del Messi 2.0. Así como el futbolista actual pone en juego directa o indirectamente a buena parte de los compañeros próximos al balón, en esta etapa no es así. Actúa como pieza individual en la mayoría de ocasiones y, como mucho, se asocia con un solo compañero. Ello le resta contundencia en su desborde único, ya que permite que los rivales puedan liberar sus respectivas marcas para acudir en ayudas. Son muchas las secuencias observadas en las que Leo empieza una aventura en uno para uno y, conforme va progresando, le aparecen ayudas más contundentes de lo normal. Podríamos resumirlo en que desequilibra fácil en el inicio para acabar con dificultades o interrupciones.

Ante las dos opciones de salida que tiene, decide controlar e iniciar una jugada personal. Después de la decisión los rivales se vuelvan a la defensa (arriba) Sigue la jugada y la finaliza ante la presión de los rivales (abajo). Secuencia FC Barcelona - C.A. Osasuna 2005/06

CRECIMIENTO EN BASE A ELLO

Esta etapa acaba en la temporada 2007/08 y va estrechamente relacionada a la marcha del que creo que ha sido uno de sus mentores más importantes. Como ya he comentado con anterioridad, Frank Rijkaard lo cuida de una manera excelente. Tanto es así que, hasta en ciertos momentos, lo hace desmesuradamente. Pero el balance es claramente positivo. En el fútbol es muy importante respetar los pasos naturales aunque estemos, probablemente, ante el mejor jugador de la historia. Su vertiginosa irrupción no es hasta bien entrada la temporada 2006/07, en la que el argentino se convierte en titular indiscutible. Hasta ese entonces, ni

Leo Messi ni Andrés Iniesta (el otro gran talento joven que convive en el equipo) forman parte del once inicial. Es más, en multitud de ocasiones se turnan entre ellos la posición de extremo derecho.

Especialmente notorio es el caso en la final de la Champions de París 2006. Después de que una lesión le apartara de los campos de fútbol durante unos meses, el jugador fuerza la máquina para estar a punto para tan decisivo choque. Ya es un jugador fundamental en aquel equipo y, aun así, Rijkaard lo deja fuera de concurso. El F.C. Barcelona acaba por ganar esa Champions League y el argentino queda tocado por la decisión.

Una persona muy vinculada por aquel entonces a aquel equipo me cuenta dicha situación con detalle: "Leo Messi cogió un enfado tremendo al conocer que quedaba fuera de toda opción de jugar ni tan solo unos minutos en la final de París 2006. Tan cierto era que había trabajado muy duro para llegar a la cita, como que llegaba justo de prestaciones teniendo en cuenta la lesión. No era una simple rotura, se trataba de una lesión seria y él estaba en las primicias de su carrera. Frank Rijkaard lo cogió para hablar y le dijo algo así: 'Prefiero perder un jugador para un partido importante que perder a un jugador extraordinario para el F.C. Barcelona'. El jugador no lo entendió. Era muy joven y con una ambición magnífica. Es lógico que no lo hiciera, pero Frank tenía razón y el tiempo se la ha otorgado".

Nunca sabremos si fue la decisión más acertada o no pero, lo que es indudable, es que el ánimo con el que Frank Rijkaard toma la decisión le honora altamente. El técnico holandés es el primero que ya había notado en él cosas diferentes y lo sabe. Ha convivido con casos de futbolistas en los que parte de sus capacidades extraordinarias han quedado por el camino y no quiere que este sea un posible camino para un jugador que ya se adivina inigualable.

Amplía ligeramente su radio de acción

Su interacción zonal es mucho mayor que en sus dos temporadas iniciales. La banda ya no es la zona primordial. Se trata del campo base hacia donde dirige sus arremetidas ofensivas. Hace de la movilidad zonal una característica para ser incontrolable. Esta ampliación le concede imprevisibilidad pero, así mismo, otra característica intrínseca a todo ello: la ventaja ofensiva que concede el movimiento. Se aprecia una diferencia evidente en sus recepciones. Así como en las primeras andadas acostumbraba a recibir estático para luego explotar, ya es rara la ocasión en que no ataca el primer control en dinámico. Este simple hecho es primordial en el fútbol, ya que evita por completo que el marcador se anticipe en el control. El movimiento iguala inercias, así que desactiva esta posible amenaza. Casi ya no pasa de cero a cien, ahora sigue manteniendo una alta velocidad pero mucho más regular. Disminuyen los acelerones y aumenta la movilidad. Su zona de influencia crece exponencialmente y su rendimiento va en consonancia.

Conducciones por banda

Apariciones interiores

Focalización de la atención de rivales con venidas interiores

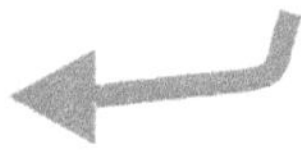

Secuencias FC Barcelona - Sevilla 2008/09

Incrementa la cuota de responsabilidad

Crecimiento paulatino en la adaptación y en la definición

Gana en comprensión del juego

Es palpable que se trata de un jugador mucho más avanzado en la interpretación en pleno juego. A pesar de las lesiones que interrumpen su continuidad, saca a relucir de una manera fulgurante para su edad, sus dotes innatos para la lectura del juego. Irrecusablemente, el avance del tiempo, la madurez futbolística y el asentamiento en el bloque son factores determinantes. Con todo, esto no sale si no se lleva adentro.

"Recuerdo haber jugado con jugadores con unas condiciones fantásticas para la práctica del fútbol. Me viene a la cabeza especialmente un compañero que tuve cuando cursaba mi tercera temporada en Segunda División. Era un futbolista con muy buena técnica individual y potentísimo. Además, tenía personalidad y descaro para afrontar situaciones delicadas o desafíos individuales a pesar de los resultados negativos. De aquellos jugadores completos y que cuestan tanto de encontrar en el fútbol. Una de esas piezas que las ves por primera vez y quedas impactado por su potencial. Pero no interpretaba suficientemente bien el juego. No tenía cambio de velocidad ni interpretación de la realidad. Su fútbol era igual de vertiginoso en el minuto uno que en el noventa. Sus

movimientos eran calcados independientemente de las condiciones que el poseedor del balón tenía o el resultado.

Algunas veces me había repetido una frase muy concreta: “Yo lanzo el desmarque de ruptura y me centro en ganar al defensa. Que no me pueda parar. Si el desmarque es bueno o no, ya es cosa tuya. Si me llega el balón es que el movimiento es bueno y, si no, pues seguiré jugando”. Un jugador extraordinario reducido por la más importante de las cualidades futbolísticas”.

Este fue el claro ejemplo de que la interpretación del juego aparece si se lleva adentro. Este Leo Messi ya está en las antípodas de este ejemplo. Durante la última temporada y media de lo que englobo en esta etapa, el argentino da innumerables muestras de situaciones de gran asimilación del juego global. Ya no emprende únicamente juego. A veces toca y sale buscando una pared de retorno que le permita dejar atrás un jugador. En situaciones recorta para cambiar la orientación del juego si considera que la situación no es favorable para el equipo. Sigue poniendo mayormente vértigo, pero ya son varias las ocasiones en las que también pone pausa. No es mono ritmo sino que nos enseña un Messi de al menos tres velocidades. Ver esta jugada detallada paso a paso:

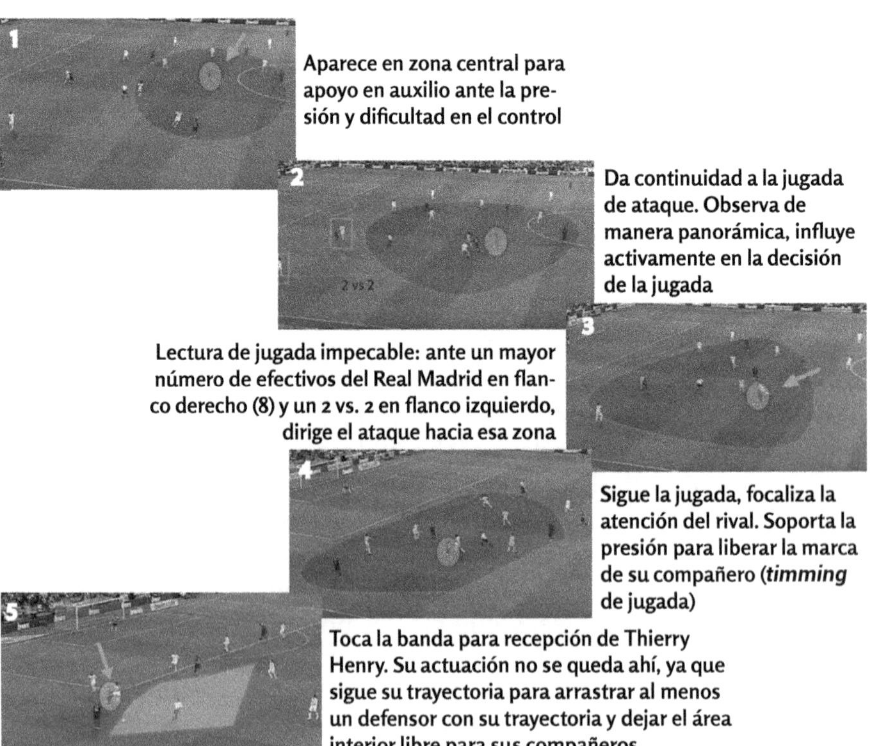

Descubre las sinergias

De una manera paulatina pero veloz, Messi va descubriendo que las complicidades favorecen su juego. El hallar el apoyo, el pase o la complicidad de ciertos compañeros le suman en su afán de hacer perdurar la jugada atacante. De entrada, Lionel va congeniando en la mezcla de juego de dos jugadores capitales y que, por similitud de fútbol y por relación así mismo fuera del campo, son los primeros con los que incide. Estos son Deco y, en mayor medida, Ronaldinho. Durante esta última temporada y media del Messi 2.0, ya no conduce con la cabeza hacia abajo y eminentemente enfocado en sus pies y en los rivales. Se descubre un futbolista que ya lanza un número considerable de paredes con ellos y que busca sus movimientos con la mirada. En definitiva, un jugador más pendiente de levantar la mirada. Y va notoriamente a más con el paso del tiempo.

Poco a poco constata sobre el verde que el "idioma de juego Barça" ofrece una visión del fútbol muy específica. Él mismo fue criado bajo esta visión particular del juego. Se da cuenta de que afortunadamente para él, convive con un buen grueso de jugadores que así mismo han crecido en esta concepción y comprueba que estos interpretan sus movimientos a la perfección. Conocen lo que el jugador busca en cada momento sólo con distinguir la orientación de su cuerpo o la primera carrera después del pase. Especialmente es notoria la complicidad con Xavi Hernández y con Andrés Iniesta. Es la época en que nacen tales sinergias y que, a partir de esa evidencia que él mismo descubre, no dejaría de crecer gradualmente.

Empieza a ampliar la mirada, asiste buscando complicidad. Secuencia FC Barcelona - Sevilla 2008/09

Llegados a este punto concreto se ha formado un nuevo esqueleto, un nuevo espécimen futbolístico evolucionado a partir de su propio margen de mejora. Un jugador que está plenamente preparado para proseguir en su *upgrade* futbolístico interminable. Su desarrollo entra en una nueva dimensión que nos transportará a la siguiente etapa de su crecimiento: el Messi 2.0 ya es historia.

CAPÍTULO 3

EL MEJOR MESSI (MESSI VERSIÓN 3.0)

Nadie lo esperaba aquel verano del 2008 pero el mundo del fútbol estaba a punto de asistir ante la explosión definitiva del mejor Lionel Messi. Después de dos temporadas sin mucha suerte en la fase final de la época Rijkaard, un joven Pep Guardiola llegaba al banquillo. Los dos últimos cursos fueron catalogados como los años de la autocomplacencia por la disminución del espíritu competitivo que aquel gran equipo había tenido. Eso obligaba a cambios y a resultados inmediatos.

Nadie, absolutamente nadie de todos los que convivíamos en el mundo futbolístico cercano al entorno F.C. Barcelona esperábamos una irrupción como lo que sucedió de manera tan rápida, tan directa y tan incontestable. La llegada de Guardiola generaba ilusión y dudas a partes iguales. La mala dinámica del conjunto y la inexperiencia, sus debilidades. Personalidad, trabajo y conocimientos futbolísticos, sus incontestables puntos fuertes. El destino del fútbol también me cruzó con el Guardiola entrenador.

"En aquel entonces yo estaba en la fase más avanzada de mi carrera como jugador. Era el capitán del histórico C.E. Europa, un club centenario de la Vila de Gràcia y que militó en Primera División en sus años iniciales. El tercer club de Barcelona.

Pep Guardiola dirigía al filial del Barça. Era la última jornada de liga de la Tercera División y los azulgranas se jugaban el campeonato. Además de ello y, justo dos días antes del partido, Joan Laporta (el presidente del F.C. Barcelona por aquel entonces) había anunciado que él sería el técnico del primer equipo la temporada siguiente. Como era de suponer, el encuentro fue envuelto de una gran ex-

pectación. Toda la prensa se acreditó para ello y el duelo se emitió como 'plato fuerte' televisivo".

Pocos minutos antes de empezar el partido viví un hecho entrañable. Creo que muy sintomático:

"Personalmente era un futbolista de rituales, de acciones repetitivas que me ayudaban a concentrarme en la previa. En el Estadi Nou Sardenya hay un pasillo que conecta los vestuarios de los equipos y que lleva hasta el museo del club. Allí se encuentran los trofeos y las fotos más importantes de la historia escapulada. Una de mis rutinas era, una vez ya cambiado, salir del vestuario y pasear hasta el museo sintiendo esa atmósfera especial, mientras visualizaba el partido. Y justo en el recorrido estaba él... Guardiola haciendo una cosa parecida. Pensando mientras caminaba arriba y abajo del pasadizo. Nos cruzamos, levantó la cabeza, sonrió y dijo: "Hola, Delmàs". Simplemente eso. ¡Qué poco pero qué significativo! Él era un jugador histórico (no sólo del F.C. Barcelona, sino del fútbol). Detuvo su pequeño ritual de conexión para saludarme. Puede parecer insignificante pero, desde mi punto de vista, eso simboliza respeto y conocimiento del rival. Ante la tentación de que su prisma ya se enfocara al mayúsculo reto de la siguiente temporada, ese detalle fue la prueba de que preparó sin variaciones aquel partido".

Nosotros hicimos un muy buen encuentro. Tuvimos ocasiones y franjas de claro dominio del juego. En aquel equipo estaban, entre otros, unos jovencísimos Sergio Busquets, Pedro Rodríguez, Víctor Sánchez, Jeffrén o Gay Asulin. Algunos campeones del mundo en un futuro y que, poco tiempo después, irían muy ligados a la etapa del mejor Messi.

Pep Guardiola aterrizó al frente de aquel equipo en la temporada 2008/09. Con la perspectiva del tiempo, ya nadie duda de que sea un seductor que convence y compromete a los jugadores con la palabra. No era tan evidente por aquel entonces. El paso de los años ha puesto de manifiesto también que dos de sus primeras decisiones fueron totalmente determinantes para lo que luego vendría. El fútbol no solo es táctica, calidad y resolución en el césped, el estado anímico va muy relacionado a todo ello. Guardiola lo sabe y arriesga de inicio.

De entrada decide prescindir de tres de sus figuras, como Deco, Ronaldinho y Eto'o, aunque finalmente de éste no pudo hacerlo hasta una temporada más tarde. Posteriormente le concede a Messi ir a jugar los Juegos Olímpicos de Pekín 2008, mientras el equipo tiene que competir su clasificación para la Champions League, con la importancia que ello supone para el club. El F.C. Barcelona supera la previa y Leo consigue la medalla de oro. La jugada sale redonda. Con estos gestos, el técni-

co empieza a ganarse la confianza del argentino y, lo que entiendo más importante, conquista que el astro sea receptivo a todas sus demandas y/o propuestas futbolísticas. Quiero subrayarlo porque lo entiendo clave en la historia posterior.

LOS INICIOS

Los inicios fueron difíciles. Lo fueron para el equipo y lo fueron así mismo para Leo Messi. El camino empieza en Los Pajaritos, el campo del C.D. Numancia, de una manera negativa. Guardiola no queda nada contento con esa primera puesta en escena. Se aprecia cierta mejoría en el segundo período, aunque no lo suficiente como para ofrecer un buen juego. Pero ¿qué cosas son las que el equipo no hace bien? Aquí los principales puntos tácticos:

1. Falta de amplitud en ataque.

Vértices sin presencia

2. Desposicionamiento general y poca concreción en la continuidad del juego.

Durante el segundo período, el técnico toca varias cosas para dotar de mayor protagonismo ofensivo al equipo. Aun así se hace insuficiente para conseguir un giro en la imagen, pero sí que se aprecian unos cambios significativos para la idea de fútbol que posteriormente veríamos con una extraordinaria puesta en práctica a lo largo de mucho tiempo.

El siguiente partido en el Camp Nou lo enfrenta al Racing de Santander, otro equipo débil sobre el papel. Se aplican notorias novedades. De inicio aparecen dos actores desconocidos hasta al momento: Sergio Busquets y Pedro Rodríguez (Pedrito por aquel entonces). El primero, para dotar de equilibrio al equipo y especialmente para solucionar de inmediato

el problema fundamental de posicionamiento general externalizado la semana anterior. En el caso de Pedro, para mejorar el otro inconveniente principal observado: abrir el campo. Para ello, Guardiola lo alinea como extremo derecho. Sorprendentemente también Leo Messi parte desde el banquillo. Eso sí, aparece durante la segunda parte para avivar el ataque y consigue el único gol de la parte local.

El conjunto azulgrana no pasa del empate, aunque ya se perciben las mejoras. Los dos siguientes partidos (Sporting de Gijón y Betis en casa) son los que, en mi opinión, cierran el período inicial de aquel novedoso proyecto para pasar a la consolidación. La visita a Gijón llega cargada de tensión por el escaso margen que, un combinado como el azulgrana, tiene después de haber dejado cuatro de los seis puntos por el camino. El progreso sigue de una manera muy marcada. La aplicación de las variantes trabajadas son evidentes y Messi actúa como eje vertebrador del juego iniciando desde la derecha. Amplia y necesaria victoria para fortalecer convicciones. No tan airoso es el posterior encuentro con la visita del Real Betis Balompié al Estadi. Solo un gol de Eidur Gudjohnsen en el minuto 80 consigue romper el empate en el marcador. Un encuentro discreto pero altamente valeroso para reforzar las ideas.

LA CONSOLIDACIÓN

Habiendo adquirido confianza, el Barça va asentando una serie de mecanismos tácticos de alto nivel a la vez que va cogiendo aire de la mano de una gran dinámica de resultados. A partir de ahí, Leo Messi va acentuando el papel de líder futbolístico cada vez más completo y con la misma base de operaciones. La banda derecha sigue siendo su hábitat de salida aunque cada vez lo es de una manera más ocasional para incidir en todas las áreas del campo. En este preciso instante, el astro argentino ha dejado atrás ya dos escalones. No solo ha hecho el progreso habitual de las grandes promesas que se convierten en realidades, sino que se encuentra flirteando con la cúspide. Empieza a jugar de una manera inmejorable con todo el entorno y estos son los principales puntos tácticos sobre los que crea el nuevo paso al frente:

Combina conducciones con pases

Supera definitivamente la visión individual del juego que había mostrado en muchas fases de su evolución. A unas condiciones técnicas y físicas inigualables, le añade la llegada de su primer grado de maduración futbolística. Mucha gente piensa que interactúa para progresar en sus evoluciones personales. Yo creo que no es exactamente así. No sólo es eso. Empieza a utilizar su entorno para progresar, pero también para crear situaciones favorables para el equipo. Si su gran lectura de la situación le transmite que el peligro puede venir por el centro o por el lado opuesto, traslada el balón a esa zona. Su lenguaje alternativo no es todavía completo pero sí empieza a dar muestras de adelanto. Agrega conceptos básicos como la dirección de sus carreras o el lugar del pase al compañero que sirven para que el resto de los elementos del equipo sepa dónde y cómo debe desarrollarse la jugada.

Desmarque y llegada por banda derecha en carrera y balón controlado (arriba). Observa y detecta superioridad en otra zona del campo ante la llegada del compañero. Inicia la jugada individual y acaba en asistencia (combinación de juego, abajo). Secuencia Sevilla – FC Barcelona 2008/09

Decide de manera individual cuando toca

Aquí aparece la gran clave de la evolución. No es cambiar sino añadir componentes. Cuando es necesario sigue utilizando la jugada individual. De hecho, es en lo que sigue sintiéndose más cómodo el jugador y, por supuesto, la sigue aplicando en el momento adecuado. No de una manera forzosa, sino cuando se dan las circunstancias para ello. Observa y testea. Todavía no es infalible pero sí aprende a considerar un concepto muy importante en este deporte: leer y efectuar.

Muestra el balón al oponente para cambiar de dirección su reacción

Secuencia Sevilla - FC Barcelona 2008/09

Destellos de su jugada favorita

Hablaré más adelante de ella, ya que creo que es en una etapa posterior, cuando alcanza su cénit, pero entiendo como importante subrayarla en esta época. No es otra que la que todos hemos visto y repetido en nuestra mente una y otra vez. Partiendo desde banda derecha, sortea contrarios en diagonal y avanza hacia área contraria. Repito que es más adelante en el tiempo cuando creo que la acción prende todavía más perfección, aunque es evidente que Lionel da muestras de esta predilección.

En este punto llegamos a la frase de "la teoría y la práctica". En el fútbol pasa exactamente lo mismo que en la vida. Lo realmente difícil no es conocer los conceptos sino aplicarlos.

"Tuve la suerte de vivir muchos años de mi carrera como capitán de vestuarios. No es fácil y es un trabajo doble en todos los sentidos, ya que en muchas ocasiones se tiene que adoptar un papel de consejero o de espejo del resto de los futbolistas. En la mayoría de casos, son los jugadores con más experiencia los que ocupan este rol. Personalmente este papel me llegó antes: a los 23 años ya tenía el honor de ser capitán. Así pues, fueron muchos los momentos en los que tuve que gestionar situaciones deportivas y mentales. Recuerdo que muchas ocasiones los compañeros me pedían consejos sobre cómo afrontar los partidos importantes. Yo siempre decía la misma frase: 'Hay que jugar mucho y pensar poco'.

Las situaciones con tensión mental hay que atenuarlas y el juego es el mejor compañero para conseguirlo. Pensar en exceso en un terreno de juego no ayuda a decidir bien. Las decisiones tienen que salir de una manera lo más próxima posible a la naturalidad. Eso es lo que siempre intenté transmitir a mis compañeros cuando ellos buscaban cobijo en mis consejos".

Este es el punto que alcanza Leo Messi. Ha pensado, analizado y ejecutado en tantas ocasiones que ya ha interiorizado el proceso de decisión. También en este aspecto ganará todavía un mayor esplendor.

LA BASE QUE DISPARA A MESSI

Amplitud de campo innegociable

Es de los tres conceptos más importantes que existen en el fútbol y realmente ineludible para el equipo. La escuela holandesa y el Barça del Dream Team sacaron a la luz su importancia en un tiempo en el que se le consideraba muy poco. Nuevamente el Barça de Guardiola, en el que habita Messi, lo pone en valor superlativo. Se hace muy evidente que hay tres conceptos tácticos inquebrantables en ese equipo. Y son innegociables precisamente porque no dependen del talento. El primero de ellos es, sin duda, el de la amplitud.

En el fútbol a veces, solo a veces, se pueden resumir conocimientos de manera muy simple. Eso es lo que dijo un entrenador de base en su día: "Cuando tienes el balón, ¿qué prefieres? ¿Estar en un gran campo abierto o dentro de un pequeño garaje? ¿Dónde regateas mejor y dónde tienes más tiempo para pensar? En un campo abierto, ¿verdad? Y cuando tienes que recuperar el balón te meterías de nuevo en el garaje, ¿verdad que sí?".

Para atacar mejor, hay que tener cuanto más espacio posible; para defender de manera más eficiente, todo lo contrario. El único instrumento para ello que depende exclusivamente de un equipo es aprovechar toda la inmensidad posible que el campo de fútbol concede. Si tú te sitúas abierto, tu marca no tendrá más remedio que situarse cerca de ti. Aunque sólo sea por estar bien posicionado pero tendrá que realizarlo irremediablemente. Eso es especialmente importante para los extremos y Guardiola lo tiene sagrado. Como explicaba, la aplicación de un 4-3-3 o de un 3-4-3 no tiene sentido sin ensanchar el campo. ¿Eso quiere decir que los extremos tienen que estar siempre abiertos sin hacer nada más? No. En ese engranaje general importa muy poco quién es el que habite en tal franja, pero sí es obligatorio que siempre esté ocupada por un futbolista en ataque. Los extremos pueden iniciar aventuras interiores pero, desde el preciso instante del arranque, el lateral de banda o el interior del costado deben iniciar movimiento para sostener esa amplitud de campo.

Messi viene hacia dentro y es el lateral (Dani Alves) quién realiza el movimiennto para mantener la amplitud. Secuencia Sevilla – FC Barcelona 2008/09

Balón en posición de lateral en zona interior. Messi busca el balón dentro del área, en este contexto es mediapunta de banda. Secuencia Sevilla – FC Barcelona 2008/09

Sin ella no se crean espacios dentro. Esta sería una gran pregunta para Pep Guardiola, pero tengo la sensación de que una de las órdenes más inquebrantables del entrenador era algo así como: "Prohibido empezar un ataque posicional sin que dos jugadores estén literalmente pegados en banda. Una vez que así sea, podemos iniciar".

Salida del balón

Si bien es cierto que el F.C. Barcelona venía ya de muchos años por los que su apuesta se fundamentaba en conseguir un inicio limpio del juego, el equipo lo cuida un poco más si cabe. El razonamiento es muy simple. El técnico lo comentó algunas veces: "Cuando mejor consigamos salir desde atrás, en mejores condiciones llegará el balón a las zonas avanzadas".

Es una firme convicción que se convierte con el tiempo en una verdadera obsesión futbolística. Y reporta unos beneficios extraordinarios. Se palpa que hay un trabajo táctico persistente en el inicio del juego, ya que pone en práctica diferentes ramificaciones en función de la situación. Eso es lo mejor de todo y lo que le da más fortaleza al conjunto. No existe sólo una manera de sacar el balón pero tampoco quince. El Barça elige entre algunas de las opciones de salida (todas trabajadas) en función de lo que plantea el rival. Puede abrir centrales para vencer a un solo punta en conducción, como puede abrir al lateral para que sea este quién enlace con el pivote. También cabe la variante con apariciones de alguna pieza entre los centrales o que los medios descuelguen. El equipo ve, analiza y realiza casi siempre de manera correcta.

Sin opciones nítidas para conectar con la siguiente estación, el central y el media punta se combinan para buscar la atención de los rivales, asumen riesgos y quedan bajo presión. La paciencia del enlace proporciona el espacio en la zona lejana. El central conecta eliminando rivales. Secuencia Sevilla – FC Barcelona 2008/09

La cima de la presión

Uno de los puntos más importantes en los que el mejor Leo Messi se apoya es la posibilidad de realizar los ataques cerca de la portería rival y con los oponentes menos organizados. Si el argentino ya es extraordinario gestionando y encarando cuando el contrincante está perfectamente establecido, en el citado contexto es prácticamente infalible. Y esa opción se activa con una recuperación pocos instantes después de una perdida de la posesión. Es decir, por medio de una buena presión. Para que esta sea buena y efectiva es indispensable que las piezas estén totalmente comprometidas y coordenadas. Al fin y al cabo son las que la tienen que plasmar. La primera línea, es decir los delanteros, son quizá los más importantes en ello, ya que tienen que ser generosos en el esfuerzo. Su recorrido extrañamente significará una recuperación inmediata, pero sí que provocará una nueva obtención del balón por alguno de los compañeros del medio del campo. Así pues, serán beneficiados nuevamente de ello.

Con sólo observar cinco minutos de cualquiera de los partidos del conjunto liderado por Messi se hace evidente que todos los futbolistas están comprometidos para la presión inmediata. La atención y una rápida reacción de movimientos de los jugadores más próximos al balón son básicas para que la maniobra sea exitosa, ya que la franja de tiempo que comprende los primeros siete segundos después de la pérdida de la pelota son definitivos.

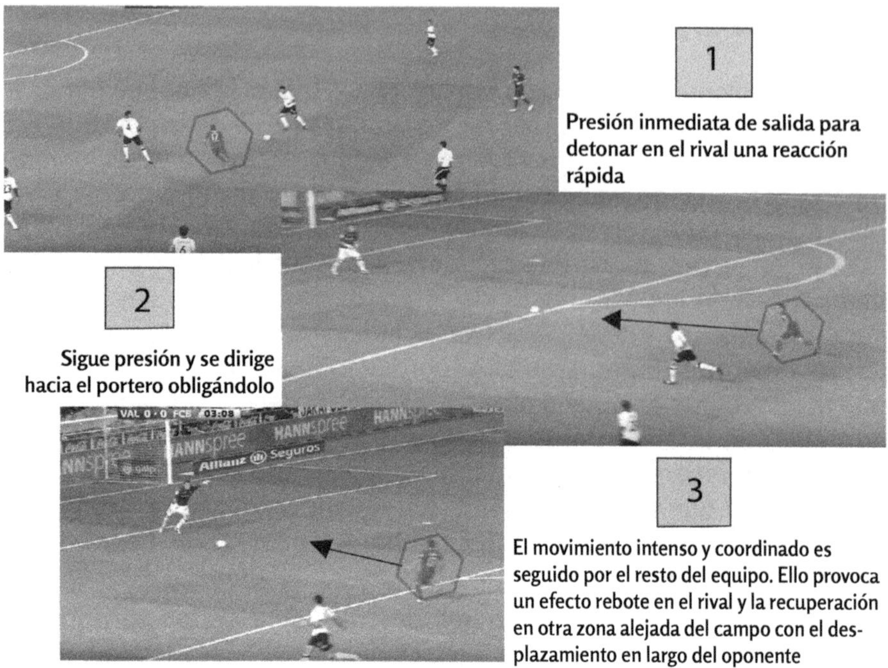

EL GRAN PUNTO DE INFLEXIÓN

El punto de inflexión por excelencia para el crack argentino no tiene su punto de partida en el césped. Todo lo contrario. Llega un día de mayo del 2009 a las 22, en un hotel céntrico de Madrid. Una conversación entre Leo Messi y Pep Guardiola produce lo impensable: un efecto multiplicador. De aquella conversación nace el nuevo hábitat futbolístico de Leo, un cambio de su posición sobre el campo. De estar en la banda siendo un regateador y pasador con un ámbito de actuación limitado pasa a jugar con una libertad total.

Personas próximas dicen que Pep Guardiola sacó al jugador de su habitación para enseñarle con imágenes qué era lo que había imaginado para él. Un diálogo claro, conciso y cercano en el que las imágenes ayudaron a que Leo Messi le sedujera la idea. En el fútbol siempre es importante aplicar las cosas novedosas en el entorno más corriente o más favorable posible (unas nuevas botas, la introducción de una canterano en el equipo, un partido asequible para probar variantes tácticas). Lejos de ello, el debut de Leo Messi en esta nueva posición fue en el escenario más complicado posible para un azulgrana: el Santiago Bernabéu. Justo el día siguiente de la citada charla.

Todos los condicionantes racionales confluían para que el resultado no fuera espectacular pero lo fue. El F.C. Barcelona le ganó al Real Madrid por 6-2 en un partido que quedará para la historia y Messi tiene un papel estelar. No sólo es el encargado de liderar al equipo en el apartado ofensivo con dos goles y muchas asistencias, sino que su huella en el juego azulgrana es brutal. Partiendo como hombre más adelantado, sus descuelgues entre líneas desubican tanto a centrales como a medios contrincantes. Tanto es así que su contacto con el balón es permanente y mejora a sus compañeros más próximos con los que se relaciona. Por ejemplo y, en mi opinión personal, el mejor jugador del histórico choque es Xavi Hernández, en gran parte por este motivo. A banda del indiscutible talento del medio azulgrana, su relación con el mejor jugador del mundo en un mismo lenguaje futbolístico aumenta exponencialmente sus prestaciones.

Leo Messi recibiendo entre líneas: generalmente retrocede y recoge entre pivotes

En lo que se refiere al diálogo, no solo es una negociación futbolística, ya que así mismo es afectiva. Que un futbolista como Messi acepte ese nuevo puesto, el cual implica un cambio de rol incierto, precisa necesariamente de una concesión del jugador. Por lo tanto, requiere complicidad, una complicidad que seguramente no hubiera existido de una manera tan ceñida sin aquella primera autorización que le brindó para los JJ.OO.

EL FALSO NUEVE

En una posición como punta escondido, Leo Messi lidera aquel equipo que alcanza una velocidad de crucero que lo sitúa en la cima. El talento inigualable del astro argentino cimentado sobre un equipo tácticamente casi perfecto en el que todos proceden para Leo. El jugador y el conjunto logran su cénit. Viaja por la orilla de esta nueva ubicación durante todo el resto del trayecto que le adhiere a Pep Guardiola. ¿Qué cambios tácticos le otorga a Messi su nueva posición? ¿En qué le beneficia?

Mayor participación

La primera consecuencia directa es que el jugador se encuentra en todo momento en el radio de acción de la jugada. Se sitúa en el epicentro del juego, así que puede interceder sea cual sea tanto el origen como la progresión del juego. Uno de los partidos históricos de Leo Messi llega el 29 de noviembre del 2010 entre Real Madrid y F.C. Barcelona. Curiosamente es un lunes de la temporada 2010/11. El argentino, con el rol de falso nueve ya totalmente asimilado, hace una auténtica demostración de fútbol. Quiero destacar precisamente este encuentro porque el jugador no consigue ninguno de los cinco históricos goles del equipo azulgrana, pero su nivel futbolístico y su interpretación del juego adquiere una dimensión sin precedentes.

Tocar, salir y seguir la jugada

La clave táctica indudable en su elevado grado de aportación es la movilidad y el asemejo del juego en línea. Va muy ligado a la maniobra del tocar, salir y seguir la jugada.

Hay una combinación que ejemplifica perfectamente este punto que comento y es la que precede al primer gol de Xavi Hernández en el partido. Se trata de una jugada de ataque rearmada. Es decir, una evolución ofensiva interrumpida por un rechazo del rival, pero que los azulgranas recuperan de manera inmediata. Es una secuencia de un minuto y veinte segundos que se acaba convirtiendo en el 1-0. En ella, Leo Messi interviene hasta siete veces y explorando diferentes zonas del campo. Incide en el juego una vez cada 11,40 segundos. ¡Una auténtica barbaridad! Estos son los instantes y las zonas concretas:

1. Minuto 08:08: 1ª intervención. Justo en zona media.
2. Minuto 08:26: 2ª intervención. Participa en el flanco derecho. Muy ladeado y de espaldas, con presión contrincante.
3. Minuto 08:28: 3ª intervención. Zona derecha en banda.
4. Minuto 08:35: 4ª intervención. Flanco medio derecho intentando progresión individual.
5. Minuto 08:43: 5ª intervención. Desmarque al espacio de medio a derecha para recibir.
6. Minuto 09:15: 6ª intervención. Justo en zona media y viniendo a recibir para sostener la pausa en el ataque. Realiza superioridad en el medio del campo.

7. Minuto 09:17: 7ª intervención. Flanco medio izquierdo. Asiste en banda una vez que el rival gana metros.

Todas las zonas, todos los papeles influyentes en el ataque. Jugador integral. Esta es la secuencia de las imágenes en sí misma.

Leo Messi como "falso nueve" (incremento de participación)
FC Barcelona - Real Madrid Temporada 2009/2010

1a. intervención: zona media.
Recibe y visualiza la jugada, gran atención a los rivales con dos marcas más linea defensiva bien situada.
La mejor solución es tocar, mover y seguir.
Es la decisión correcta

2a. intervención: banda derecha.
Recibe de espaldas. Atención de la marca encima y ayudas próximas. Situación defensiva del rival sin desorganizar. Toca a compañero próximo y se acerca para sacar de zona y continuar la jugada

3a. intervención: banda derecha.
Recibe de espaldas. Sigue focalizando la atención de rivales. El oponente todavía está bien estructurado. No tiene posiblidad de incidir en la zona. Decide aplicar de nuevo, juntar, tocar y dar continuidad a la jugada

4a. intervención:
flanco derecho-medio.
Intenta una jugada individual sin éxito. El ataque necesita mayor maduración

5a. intervención: desmarque espacio centro a derecha.
Aprovecha el espacio para tirar al mismo, partiendo desde el centro hacia el flanco derecho. Recibe de espaldas y el nueve busca al compañero más próximo, para continuar buscando un ideal en el cambio de velocidad en la jugada

6a. intervención: zona media punta. Se sitúa de nuevo entre líneas. Su posición favorita para ver, observar y decidir. Empieza a detectar síntomas de ensanchamiento en las distancias del oponente, inevitablemente derivados de la combinación de la posesión del balón y su movilidad

7a. intervención: flanco medio-izquierdo.
Ahora sí, ya ha rastreado todas las zonas del campo. Detecta "grietas" en defensa oponente y decide el cambio de velocidad en la jugada. Asistencia a banda opuesta con el balón por delante para indicar finalización

Finalización de jugada
1-0 Xavi Hernández

Recibir cerca del área

La propia naturaleza de este posicionamiento hace que reciba más próximo a zonas decisivas. Partiendo desde la derecha descentraba la atención de buena parte de los rivales si conseguía obtener el balón después de una buena basculación, pero el conjunto oponente disponía de tiempo para reubicarse. Esta nueva ubicación tiene el condicionante de que las áreas para recibir no son tan amplias y eso lo dificulta. Pero Messi cuenta con la libertad de movimientos (ganada con su fútbol y su bagaje) para moverse por todo el plano de dos dimensiones. Busca zonas en buena parte del ancho del campo como así mismo en cualquier altitud de las dos últimas líneas. Va adquiriendo mecanismos y ya se percibe una tendencia a utilizar la caída del flanco derecho a medio para coger el balón más libre y sin el marcaje encima. Con un desplazamiento que presenta ciertas similitudes a su posición de jugador de banda pero con un recorrido mucho menor. Se desplaza a la parte derecha del campo, lo justo como para provocar desatención y llegar en carrera frontal al balón

Este es un mapa de calor de Leo Messi en fase de falso nueve. Se aprecia la globalización que adquiere en el campo y cómo su movilidad es su gran aliada.

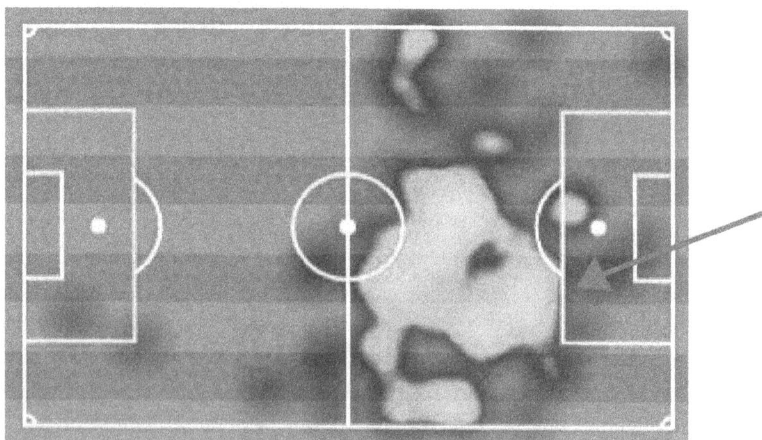

Mapa de calor de Leo Messi, Real Madrid - FC Barcelona, Champions 2011. Zona de más actividad: claramente la parte central entre líneas (movimiento de descuelgue atrás) y viniendo de la zona de seguridad por flanco ligeramente tirado a la derecha

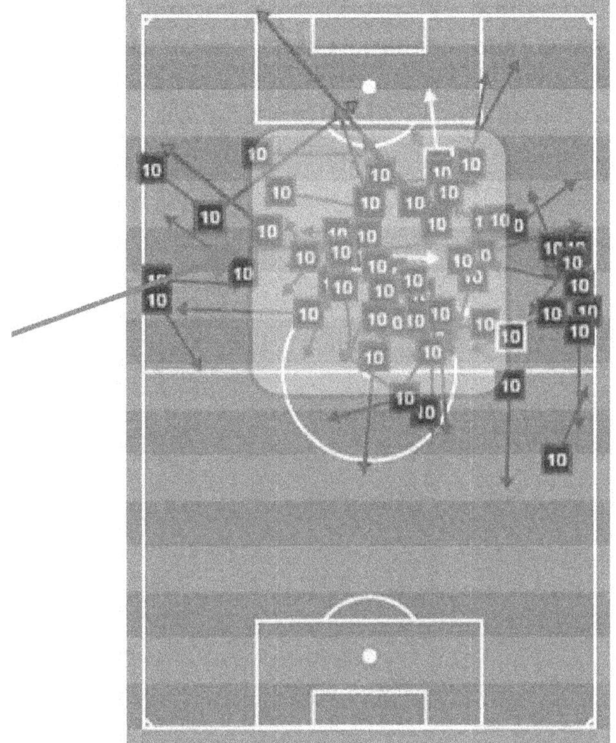

Total de pases de Leo Messi, Real Madrid - FC Barcelona, Champions 2011. Destacan aspectos como el origen de los pases desde el centro y en zona de media punta, no hay pases dentro del área, la mayoría de las asistencias son en la zona derecha al centro o en la zona opuesta

Mano a mano con centrales oponentes

Como he comentado con anterioridad, quizá la conexión con el astro argentino es más difícil pero más aún más determinante cuando ésta se da. No sólo se trata de contactar con él, sino que el futbolista pueda hacerlo con el suficiente tiempo como para girar y afrontar la siguiente parte de la jugada de cara. La primera de las dos partes es relativamente fácil, ya que la movilidad y la omnipresencia que Messi tiene en tal situación produce continuamente opciones para ello. La complicación llega en el segundo escalón. Aunque un elegido como él no precisa de muchos segundos para poder realizar la citada maniobra de giro, también es claro que no es nada sencillo encontrar dos segundos de margen en

zona de tres cuartos. En las situaciones en que el binomio equipo-Messi consigue crear este hábitat y el jugador logra encarar de frente, obtiene siempre un escenario ideal: un mano a mano con centrales oponentes. A partir de ahí se abren todas las opciones posibles para que pueda elegir entre finalizar, asistir o dividir. En el concepto decidir, Leo Messi también ya ha obtenido el reinado. Algunos ejemplos de las evoluciones en este aspecto clave de su posición.

Situación potencial de provocación a centrales con espacio

Mano a mano con centrales en caso de enlace. El espacio es creado por la regla siempre indispensable de mantener las bandas ocupadas y abiertas. Secuencia partido Atlético Madrid - FC Barcelona 2010/2011

LA CUMBRE JUGADOR-EQUIPO-IDEA DE JUEGO

El 18 de diciembre del 2011 llega lo que creo que fue la cima del triángulo que formaban por aquellos tiempos Leo Messi, el equipo y la idea de juego en la que creen. Es en Japón y se trata del Mundial de Clubes de ese año. El F.C. Barcelona sale sin extremos puros y con cinco futbolistas de gran creatividad envolviendo a Messi (Busquets, Xavi, Thiago, Iniesta y Cesc Fábregas). A la práctica, Guardiola alinea un equipo con hasta seis mediocampistas que saltan al terreno de juego con dos objetivos muy claros: asociarse en torno al balón e intercambiar las posiciones constantemente.

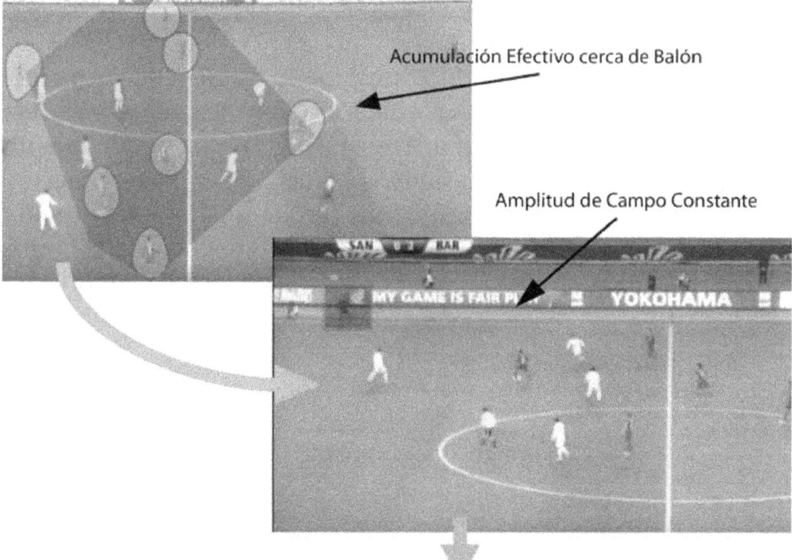

Múltiples opciones para encontrar a Messi

Enfoque táctico para favorecer la lectura de juego de Leo Messi. Mundial de Clubes 2011 (FC Barcelona - Santos)

Leo Messi brilla nuevamente por encima del resto y el Barça no solo gana de una manera fácil, sino que realiza unos primeros 45 minutos de auténtico ensueño. El equipo se agrupa en la zona central de una manera descomunal y provoca una superioridad inmensa en zona interior. Los extremos, mucho más habituados a jugar dentro que encarando por banda, tienden a buscar apoyos entre zonas. De la misma manera, Leo Messi se descuelga hacia atrás o a cualquiera de los dos costados, dependiendo de su interpretación.

Es decir, libertad total para los jugadores encargados de construir la fase ofensiva. Aun así, sigue habiendo una regla consagrada dentro de esta autonomía: el campo tiene que permanecer lo más grande posible en posesión de balón. Eso promociona la movilidad entre todas las piezas del engranaje y obliga a poner en su máxima expresión dos conceptos: atención y comunicación.

Leo Messi vive en un ámbito ideal para él. Se encuentra envuelto de movimientos y los movimientos originan espacios para ocupar. Absolutamente todos sus compañeros más próximos tienen talento, entienden el fútbol de la misma manera y ello genera pases precisos. Las complicidades son muchas y se distribuyen de una manera equilibrada. Él es centro pero incide en la jugada desde el inicio como así mismo el final. El partido deja una imagen táctica para la historia del fútbol.

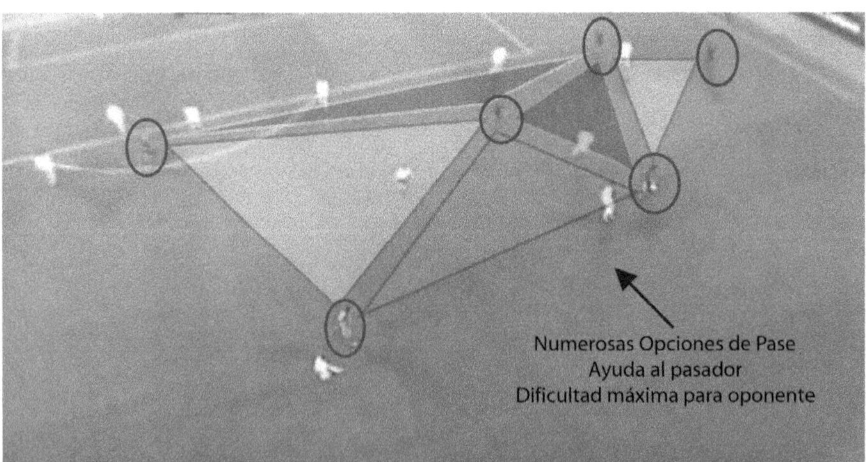

Distribución ofensiva del FC Barcelona, múltiples triángulos. Mundial de Clubes (Yokohama 18/12/11) FC Barcelona - Santos

Una de las obras más espectaculares que se le recuerda a aquel equipo y es una idea táctica compartida por todos los elementos como gran sustento. Y por supuesto el talento, el talento del mejor Leo Messi.

Curiosamente y, justo después de esa gran demostración de fútbol, el Barça empieza una ligera pero constante disminución de tono y resultados que acaba con el paso al lado de Pep Guardiola. El constructor de un escenario ideal para Messi abandona el club desgastado por la alta e indisoluble exigencia y el desgaste general.

He definido esta etapa como la del mejor Messi. Futbolísticamente quizá sería discutible viendo lo que vendría después pero lo que sí entiendo indudable es que el crack argentino consigue su máximo esplendor. El fútbol integral al que llega lo transporta, ahora sí sin duda, a ser el mejor jugador del mundo. No obstante y, como pasa irremediablemente con todos los períodos de éxito, finaliza por acabarse de manera decreciente. La temporada 2011/12 acaba con la consecución "únicamente" de la Copa del Rey. Y digo únicamente porque, después de los galardones a los que el brillante conjunto estaba acostumbrado, se entiende como un logro de mínimo. Fueron cuatro años probablemente inigualables a nivel de equipo y a nivel personal de Messi. Resultaron 14 títulos en total, dos Champions y una concepción de juego única, diferente e innovadora. Leo Messi consigue lo que es una auténtica barbaridad: cuatro Balones de Oro seguidos 2009, 2010, 2011 y 2012. El equipo, liderado por el mejor Messi, deja un legado sublime en el fútbol. El rey cierra una etapa y abrirá la siguiente.

CAPÍTULO 4

MESSI 4.0 (EL YIN Y EL YANG)

Esta fase del diez azulgrana es la de los picos de altura. Un jugador siempre va ligado a un comportamiento global. Es una afirmación indisoluble en el mundo de este deporte. Y aunque, en el caso de Messi, estamos acostumbrados a la destrucción de todas las barrera razonables, también lo palpan sus momentos de juego. Así que el período que catalogo como Messi 4.0 es la del máximo pero también la del mínimo.

Es imposible de avalar esta afirmación, pero personalmente creo que la primera mitad de temporada de Leo Messi en la 2012/13 es incluso mejor que cualquiera de los tres cursos precedentes. Imposible de constatar con resultados, ya que estos se dan a final de temporada, pero creo que futbolísticamente así es. El 10 azulgrana siente ya internamente la posición de falso nueve y ha encontrado la llave para ser totalmente indetectable. El primer período de esta etapa nace con la voluntad de seguir la inercia de juego y de comunión más reciente. Tito Vilanova, el primer entrenador que Leo tuvo a su llegada a Barcelona y segundo entrenador durante los cuatro últimos cursos, toma las riendas.

Desde el punto de vista táctico, Leo Messi afianza rutinas y recursos en la posición de falso delantero centro. Va radicalizando su desarrollo de delantero ausente abandonando tal zona gran parte de los encuentros. Lo que nadie había pensado hasta entonces, él lo aplica directamente. El 10 azulgrana aprovecha la tendencia de Cesc Fábregas a dejar este espacio en búsqueda del área para acentuar aún más su abandono de la posición de referencia. Tanto es así que, cada vez con más frecuencia, va cogiendo fuerza el movimiento táctico del doble mediapunta o del doble nueve. Se produce de una manera constante en el ataque posicional.

En la inmensa mayoría de ocasiones es Cesc Fábregas quien lo realiza, aunque también puede ser el otro mediapunta de manera esporádica. Imagen nítida de ello:

Posición doble media punta

El astro argentino se encuentra tan cómodo y tan en el epicentro de este papel que prioriza sus descuelgues para que sea otro compañero quien ocupe este papel.

LA LLAVE DE LA POSICIÓN DE FALSO NUEVE

Alcanza su máxima comprensión futbolística de esta nueva ubicación. La auténtica llave maestra para ser infalible en esta demarcación tan específica. Después de haber experimentado durante ya cuatro temporadas un rol innovador en el mundo de fútbol, este ha podido testear todas las reacciones que sus movimientos provocan en el rival, todos los *inputs* que el equipo recibe ante sus decisiones, los mecanismos, las inercias de los planteamientos rivales para atajarlo. Las tendencias de los defensores ante los escenarios creados. Sus puntos de recepción preferidos. Los más productivos, dónde ser clarividente, cuándo ser rápido y en qué sitio ser paciente. Absolutamente todo. Un máster futbolístico labrado en la captura ya de muchas imágenes y numerosos comportamientos repetitivos de los contrincantes.

En este sentido, siento que existe una gran clave que él descubre y sobre la cual se desata esta excelencia del astro argentino en el papel del campo: los centrales rivales no le siguen. Siendo Leo Messi quien ocupa la posición de delantero centro, sería lógico pensar que alguno de los dos defensores debería saltar con él. Pero la realidad es que, excepto alguna excepción muy puntual, no salen con él. ¿Por qué no responden a estos movimientos? ¿Existe alguna explicación táctica?

Mi respuesta es sí. El razonamiento lo encontramos en el buen posicionamiento del resto de los compañeros para que fijen a la línea. A veces, sólo a veces, tendemos a simplificar demasiado las cosas en el fútbol. Tratamos las líneas por igual cuando hay una gran diferencia entre ellas. Para atraer a los rivales del medio del campo es básico igualar los efectivos. Pero muy distinto es eso en la última línea. Para fijar a toda una defensa entera basta con dos elementos. Es indistinto que la línea contrincante sea de tres elementos, cuatro o cinco. El punto indispensable pasa por las bandas. Como he repetido en varios apartados del libro, no tiene que ser obligatorio que sean los extremos, pero sí que siempre haya presencia de futbolistas en banda y que estos estiren. Cuando ocurre es muy difícil que los centrales rivales abandonen la disciplina de la línea por muy bueno que sea el rival. Repito que solamente los equipos que tienen como objetivo la presión hombre a hombre a todo el campo (prácticamente se reduce a los conjuntos con filosofía bielsista) se atreven a ello. No es una cuestión simplemente de sinergias de movimientos sino de ideología. Los centrales prefieren guardar zona en ambas partes, ya que el hecho de que los jugadores de banda estén abiertos y profundos capta la cercanía de laterales. Es por ello que el área a cubrir es mayor y Leo puede descolgarse sin arrastrar marca.

Leo Messi lo descubre, el equipo es consciente de la importancia del buen posicionamiento y el 10 azulgrana se encarga de aplicarlo de manera genial. Este movimiento también provoca una ventaja espectacular en la sala de máquinas. Debido a que los mediocampistas se encuentran en igualada de efectivos, nadie, absolutamente nadie acude a atajar a Messi en la franja media cuando proviene de arriba. Como por arte de magia, el mejor jugador del mundo aparece solo entre líneas y puede girar para encarar el arco oponente. ¿Cómo puede ser eso? ¿Se trata de un error importantísimo de todos los equipos contrincantes? El F.C. Barcelona pone el escenario para que Messi, convertido en el mejor lector táctico del juego desde hace años, descubra al rival.

La gran clave de la posición de "falso nueve"
Secuencia FC Barcelona - Real Madrid 07/10/2012

Messi descuelga desde la posición de "falso nueve" y se produce la situación descrita: no arrastra marca de centrales con él

Un buen posicionamiento de los jugadores de banda fija a toda la línea defensiva

Messi inicia la jugada con espacio detrás y sin ayudas próximas del rival

Sigue en progresión. Controla, atrae y divide para acabar en pase

Acaba él mismo en finalización apareciendo desde atrás

Leo Messi explora horizontes, visualiza y procesa. Ninguno de sus movimientos, ninguna de sus traslaciones a pie por el campo son vacías. Va estirando la cuerda del rival progresivamente y observa sus reacciones. Cuando eso se repite en varios equipos, interioriza y guarda en su memoria. Es como una especie de carpeta interna en la cual va depositando jugadas y distancias. A partir de ahí y con el paso del tiempo, ve los límites hasta dónde se reproduce tal situación y crea una tesis propia que incorpora.

Dentro de este análisis exhaustivo me detengo en un partido concreto. Es el que disputaron F.C. Barcelona y Osasuna el 27 de enero del 2013 en el Camp Nou. El encuentro del argentino es quizá el mejor ejemplo de esta fase que describo. El resultado final es de 5-1, con cuatro goles de Leo Messi. Realiza una auténtica demostración de lo que es la variedad en el juego y la lucidez futbolística para cada instante específico. Organiza, origina, combina, crea y define siempre teniendo en cuenta el contexto específico del momento. Este es su mapa de calor:

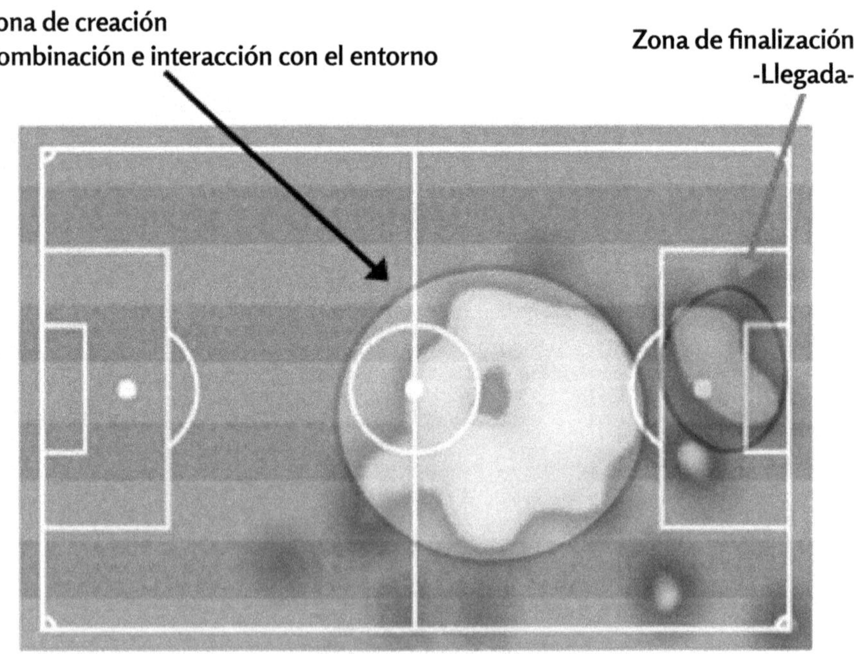

Mapa de calor Leo Messi. FC Barcelona - Osasuna 27/01/13

En él se distinguen claramente las dos zonas de incidencia:

1. Zona de creación: Es la que utiliza para combinar y erigirse en el epicentro del juego del equipo. Se aprecia que es nítidamente central. Ya no utiliza la banda derecha para variar y ha encontrado su mecanismo perfecto para fluctuar entre la zona más adelantada y la zona media.
2. Zona de finalización: Es la que delimita la zona de remate. Así mismo, la distancia que le separa de la zona anterior es la que utilizará para decidir en qué punto concreto la traza. En resumen, su voluntad es la de iniciar para posteriormente tener la posibilidad de definir.

CONCEPTOS QUE QUEDAN POR EL CAMINO

Los problemas empiezan con la llegada del 2013. Justo en diciembre anterior, Tito Vilanova recae de su delicada situación de salud y es Jordi Roura quien tiene que coger las riendas del equipo. Obviamente y, como es lógico ante temas personales de importancia, al equipo se le van apreciando síntomas de algunas pérdidas de recursos.

No es un tema inmediato. Se trata de una disminución de prestaciones, de atención y de tono general que afecta poco a poco. Conceptos básicos e indispensables para el equipo se siguen aplicando, pero no del mismo modo. El equipo azulgrana sigue a buen tono pero paulatinamente deja algún pequeño detalle. La situación y el día a día que vive el equipo lo hacen de alguna manera inevitable. En el fútbol hay que trabajar todas las cosas regularmente. Puede parecer un tópico pero os aseguro que no lo es. Os traslado de nuevo a mis experiencias futbolísticas:

"Quizá me remonte al mejor año en mi carrera futbolística en lo que a rendimiento individual se refiere. Playoff de ascenso a la Segunda División con un equipo humilde como el Granollers. Un invitado que nadie esperaba. Durante el citado curso básicamente ocupé dos posiciones: la de mediapunta y la de mediocentro organizador. Cambiábamos el dibujo aleatoriamente entre el clásico 4-4-2 y un menos usual 4-1-4-1. Dependiendo de ello, el entrenador, Ramón Mayo, me ubicaba en uno u otro rol. Acabé con más de 20 goles (gran parte de ellos decisivos) y muchísimas asistencias aun sin ocupar la posición de delantero en ninguno de los partidos. Ofensivamente fue un año muy potente. Gran concepción del juego grupal y unos mecanismos fantásticos. Cuando me preguntan por la clave del éxito de aquel año siempre respondo lo mismo: la estructura defensiva.

Realmente lo pienso. La buena organización en la defensa posicional era la base sobre la cual se sustentaba todo el engranaje ofensivo. Todos conocíamos de memoria cómo y cuándo nos teníamos que mover cuando el balón lo tenía el contrario. Actuábamos como un grupo compacto y con el cuerpo del equipo en zona media. Yo sabía perfectamente el momento y las zonas para actuar. Pero el tema importante no radica en ello, sino que también conocía detalladamente dónde estaría cada uno e mis compañeros en el trabajo de presión. No tenía necesidad de mirar, simplemente lo sabía. Creo que ese era el punto diferencial. Conocer la idea conjunta y los movimientos en su totalidad permitía que cada uno de nosotros lo tuviera interiorizado.

Puede parecer irracional, pero insisto que esto permitía que los jugadores con más talento para el ataque pudiéramos actuar casi sin límites por toda una serie de beneficios futbolísticos de gran calado. Trataré de transmitir qué es lo que este trabajo defensivo conjunto me aportaba personalmente en el campo:

1. Una confianza extrema en la fortaleza defensiva del conjunto, que permitía que no pensara en las repercusiones de una posible pérdida de balón en zonas avanzadas. Sabía que el equipo estaría adecuadamente preparado y compacto para que esta posible desposesión no nos hiciera daño. Así que promocionaba mis situaciones de uno contra uno y testeaba pases de riesgo.
2. Menos desgaste físico en tareas defensivas. El mero hecho de saber los momentos exactos de actuación y hasta dónde incidir hace que los esfuerzos sean exactos (sin negociar ninguna presión pero tampoco sin excesos en ellas).
3. Recuperaciones de balón en áreas adelantadas de campo que convertían los ataques en más determinantes y más fáciles de solucionar.
4. Más posesión y, en consecuencia, más intervención en el juego. Una participación elevada comportaba que siempre tuviera la sensación de que volvería a entrar en contacto con el juego pronto. Por lo tanto, no sentía ninguna jugada como determinante y podía variar el juego y las decisiones.

Así que todos estos beneficios son los que, un buen trabajo defensivo, puede aportar a la parte ofensiva. Pero la receta no se consigue sin un trabajo constante.

Recuerdo que al menos una vez por semana dedicábamos treinta minutos a refrescar las basculaciones del conjunto en función de la circulación del rival. Refrescábamos señales, reseñas comunicativas, posibles problemas y qué hacer o qué dejar de hacer en función de lo que nuestros oponentes decidieran. Todo realizado sobre el campo y en situación real de juego. Parece lógico pero os aseguro que no es nada fácil. El desgaste del día a día es alto y la tentación de abandonar concentración o rutinas también. Precisamente ahí es donde los dotes de motivación del técnico entran en acción. En nuestro caso, aparecieron semanas complicadas y los jugadores no teníamos ni la receptividad ni la predisposición plena para el trabajo específico con intensidad. Entonces Santi Pou, el segundo entrenador, fue muy hábil e incorporó estas rutinas como parte del calentamiento para romper la monotonía. Fue una maniobra muy inteligente y que ayudó a mantener el trabajo de manera consciente.

Para mí es fundamental esta labor permanente en cualquier grupo. Es indiferente la tipología de equipo y el nivel que tenga. La entiendo tan decisiva que, si yo fuera entrenador, sería innegociable en el día a día. La principal tarea en ello para un técnico debe ser aplicarlo de manera constante para que el equipo lo interiorice sin 'aburrirlo'. Y aquí es donde se aprecia la habilidad del técnico o técnicos para motivar al jugador a que lo haga sin prácticamente darse cuenta".

Ese fue el principal problema del F.C. Barcelona durante aquellas dos temporadas. El cambio de dirección forzada inicia un imperceptible pero presente declive paulatino. El equipo pierde pequeñas dosis de mecánica con el transcurso de la situación aunque lo lleva de una manera ejemplar. A mi entender táctico, Messi empieza a sufrir en algunos ámbitos claros.

Las primeras dificultades

Los rivales empiezan a poner las bases de planteamientos para dificultar las vías en las que Leo Messi acostumbra a desarbolar todos los partidos. Los oponentes comienzan a priorizar el estar juntos en la media, a cambio de conceder dominio y posesión en la zona ancha. Alejan al astro argentino de las zonas de recepción para que, en caso de entrar en juego, lo haga con menos ventajas.

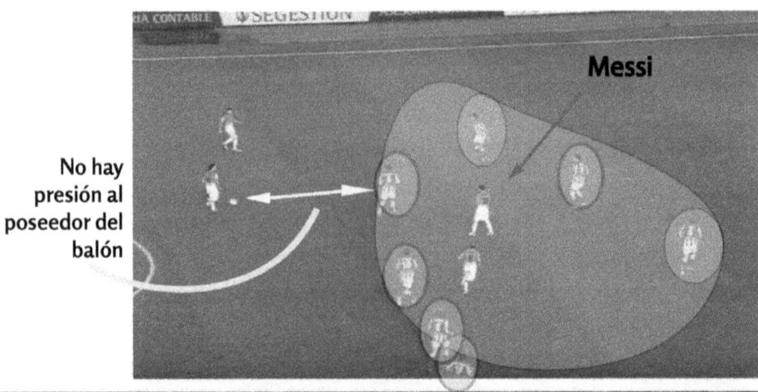

Rivales empiezan a cerrar en zona media central

El Barça, hasta ese preciso instante, acostumbrado a que Messi cambiara la velocidad del ataque y decidiera la acción para todo lo demás, empieza a dar síntomas de bloqueo ofensivo. Paulatinamente va aumentando la dependencia del 10 azulgrana.

Acción sin acoplamiento

Así mismo, la coordinación entre las piezas del bloque va restando prestaciones poco a poco. No es una derivación rápida pero sí constante. En el fútbol de primer nivel, lo que puede parecer mínimo es concluyente. Milésimas de segundo son las que determinan el acierto o no de una presión, de un pase, de un desmarque, de una acción concreta. Es decir, una buena sincronización depende de milésimas de segundo y conseguirlo no es fácil. Y precisamente ahí es donde vuelvo al punto comentado anteriormente: el refresco del trabajo. Seguramente la razón radica en la dureza de la situación y todos los cambios en el enfoque, pero pa-

rece como si esta actuación de recordar los mecanismos invisibles no se realiza ya tanto. O al menos no de una manera tan regular. A veces no es necesario hacerlo directamente, sino realizarlo de una manera 'escondida' para actualizarlo. No es nada cómodo así como prácticamente imperceptible de un modo inmediato, pero lo entiendo indispensable en cualquier conjunto.

El posicionamiento se descuadra ante situaciones de estrés defensivo y se generan varios factores en cadena: más espacio para el desarrollo de los rivales, más áreas que defender para los mismos efectivos, mayor recorrido y esfuerzo más prolongado. Cuando un equipo está diseñado para el trabajo, estas circunstancias le pueden ser ventajosas y es probable que acabe ganando la partida. Pero este F.C. Barcelona está construido para atacar escenarios complejos y defender distancias cortas. Esta es la base sobre la cual se sustenta todo su juego y su éxito. Y por supuesto, Leo Messi se ve directamente afectado por los condicionantes enunciados. El 10 azulgrana se acomoda precisamente en todo lo contrario a lo que va sucediendo. Aunque es un número uno en cualquier escenario, sin duda, prefiere mayor densidad pero menos metros, ya que esto le proporciona puntos de distracción y un protagonismo constante. Por lo tanto también él, de manera inevitable, ve trastocado su hábitat.

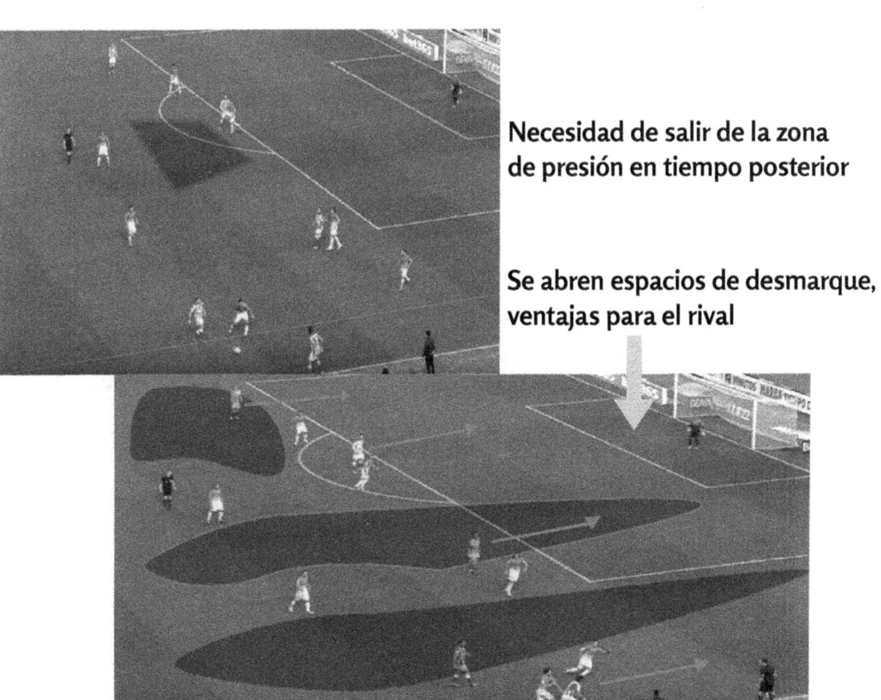

A todo ello, cabe subrayar que Xavi se lesiona en febrero y complica todavía más la situación de los puntos mencionados. Y para mayor adversidad, la lesión de Leo Messi, el 2 de abril, después de la visita del equipo azulgrana al Parque de los Príncipes de París, acaba por romper completamente al equipo.

Este deporte no se basa en un único aspecto, sino que depende de varios factores. Es por ello que el desencaje global no pasa de un día para el otro. Ni tampoco de un mes para el siguiente, aunque sí es progresivo. Eso es lo que poco a poco le va sucediendo al F.C. Barcelona. Durante el proceso y, a pesar de la dolorosa e incontestable eliminación en Champions League, acaba concluyendo con cierta dosis de éxito la temporada. El proceso descrito ya empieza ser notorio y se acrecienta con el paso de los meses siguientes.

DESACELERACIÓN FUTBOLÍSTICA

El curso 2013/14 empieza con demasiados condicionantes de entrada. A la ya obvia inercia de disminución en el rendimiento mostrado en la parte final de campeonato anterior, se le une la imposibilidad de que Tito Vilanova siga al frente. El Tata Martino, proveniente de Newell's Old Boys, es el escogido para el cargo. Allí, consigue no sólo alejarlo del descenso, sino además el campeonato del Torneo Final 2013 y la clasificación para las semifinales de la Copa Libertadores 2013. Así mismo, deja buenas sensaciones con la selección de Paraguay. Un entrenador con buena reputación pero sin experiencia europea y ante un trasatlántico de equipo. Una apuesta que presentaba muchas dudas de inicio.

El primer partido de aquella nueva etapa es prometedor. El 18 de agosto del 2013, el Barça gana por un contundente 7-0 a U.D. Levante y las sensaciones son muy buenas. El equipo presiona muy arriba, juega fluido y es certero en el remate. Leo Messi es alineado igualmente como falso nueve, flanqueado por Alexis Sánchez y Pedro Rodríguez en las bandas.

De igual forma el 28 de agosto, el equipo logra la Supercopa de España frente al Atlético de Madrid, gracias a la regla del gol de visitante. El conjunto no muestra una versión tan excelsa como en el debut liguero, pero sí transmite vibraciones positivas nuevamente.

Faltaba por ver si este proceso tenia continuidad o se trataba de la subida integral general que cualquier plantilla tiene ante un cambio de técnico.

“Todavía tengo muy frescas las sensaciones cuando un entrenador nuevo llegaba al equipo. Existen dos tipos de relevos de los banquillos: los que viene forzados por una mala dinámica de resultados o los que entroncan una nueva etapa. Los primeros acostumbran a ser mucho más difíciles que los segundos por corresponder a una delicada realidad y por no tener margen de tiempo. Cuando se abre un nuevo ciclo, los tiempos y las concesiones inevitablemente son mayores. Afortunadamente mi experiencia contiene más casos de apertura o cierre de etapas que de situaciones de emergencia. Aun así, en ambos casos siempre avivan los jugadores.

Tengo todavía en la memoria semanas en que hechos como este se daban. Los entrenamientos eran más intensos de lo normal. El balón volaba y las caras de todos nosotros desprendían tensión e ilusión a partes iguales. Los futbolistas que no habían contado hasta aquel momento con minutos sentían la oportunidad de revertir inmediatamente la situación. En un sentido opuesto, los habituales palpaban así mismo la posible pérdida del estatus dentro del conjunto. Esto provocaba un aumento considerable de la concentración y la tensión competitiva de las sesiones. Y eso se traslada de manera directa e inmediata sobre el terreno de juego. Es precisamente por ello por lo que, generalmente, los equipos que viven cambios de técnico se disparan en rendimiento a corto plazo para estabilizarse posteriormente hacia donde les corresponde por calidad.

Es por todos conocida una frase muy utilizada en el mundo del futbol: ‘Entrenador nuevo, victoria segura’. Tiene gran parte de certeza porque si tomamos el ratio de victorias en los partidos de este calado, el porcentaje es muy alto. Y la razón no es otra que la descrita, que los futbolistas nos sentimos ineludiblemente activados ante un relevo técnico”.

Justo en este punto de acelerón mental se encuentra el F.C. Barcelona. El entorno empieza a positivar el horizonte pero la realidad es que sólo un rendimiento sustentando del equipo significará una dinámica más allá de la agitación generalizada.

El equipo alarga considerablemente este período. Consigue un récord positivo ganando los primeros siete partidos ligueros. Por lo que hace a Messi, su posición sigue intacta y aunque los problemas para encontrarse cómodo cada día son mayores, él mismo acaba desatascando situaciones. Los resultados no lo enseñan de una manera inmediata pero el juego de nuevo presenta rasgos claros de desgaste. Los síntomas son prácticamente calcados cuando las bandas son ocupadas por Pedro y Alexis Sánchez que cuando la cohabitación la desenvuelve Neymar. Futbolísticamente es lógico que así sea, pero la opinión pública empieza a dudar de la adaptación de la nueva adquisición. Conclusión demasiado

simple como para ser certera. La razón de las sensaciones que deprende el equipo no las provoca la participación de uno u otro jugador en tales zonas, sino la degradación de conceptos ya apuntados anteriormente. La fase inicial del 2014 es el detonante claro de todo ello. El F.C. Barcelona empata con Atlético de Madrid, contra Levante y es batido por el Valencia en un espacio de cuatro semanas. Las dificultades ofensivas se proclaman públicamente ante entramados defensivos bien estructurados. Los contrincantes saben cómo inutilizar el juego azulgrana y el equipo no consigue proporcionar a Messi situaciones favorables para decidir.

"Es muy difícil que el Barcelona gane partidos jugando peor que los rivales", aseguró el nuevo técnico argentino en una de sus ruedas de prensa. Una frase tan sencilla como verdadera. Pues bien, eso es lo que precisamente le ocurre al conjunto. El técnico no encuentra la tecla práctica para subsanar la mala dinámica. La inercia y el inmovilismo acaban por bombardear al Barcelona. Ante un Real Madrid flojo y, a pesar de "regalar" dos empates ante Getafe y en su vista a Elche, tiene una última oportunidad en un duelo directo ante Atlético de Madrid en el Camp Nou. El equipo acaba cediendo un empate y la Liga en el partido que cierra el campeonato. Además, el equipo azulgrana pierde por 2-1 frente al Real Madrid en la Copa del Rey, a lo que se le suma la caída en cuartos de final de la Liga de Campeones. Y aún más preocupante que esto es la imagen de impotencia ofensiva mostrada en la parte final de temporada. A Leo Messi le es imposible ser decisivo y prácticamente no hay espacio para sus destellos de magia habituales. La imagen de su cara vale más que mil palabras. Sabe que el equipo no cuaja y que es indispensable cambiar cosas. Tanto globales como individual. Para sacar todo su fútbol requiere de ciertas cosas concretas. Creo que su cabeza empieza a dar vueltas sobre nuevos ajustes.

Pero ¿por qué de este deterioro? ¿Es simplemente la inercia o hay una explicación futbolística a todo ello? ¿Es la adaptación todavía tenue de Neymar? ¡Absolutamente no!

Entre aquel partido inicial ante el Levante donde el equipo deja tan buenas sensaciones y el decisivo encuentro final ante el Atlético de Madrid hay un mundo futbolísticamente hablando. A pesar de todo y aunque es realmente sorprendente, el sistema 4-3-3 es idéntico, las funciones individuales iguales y la elección de jugadores la misma: Messi en posición de falso nueve, acompañado por Pedro y Alexis Sánchez en bandas, un medio de campo eminentemente de toque y un eje central dominado por Gerard Piqué y Javier Mascherano. Dos posiciones tan importantes cuando un equipo dominador actúa en modo local, como son los laterales, son ocupadas por Dani Alves y Adriano en ambos casos. Una

única diferencia: Iniesta en lugar de Xavi para el partido decisivo. Dos jugadores con matices diferentes pero parecidos en la concepción de la idea. Así pues que no es un motivo suficiente. Con ello, el factor o la idea de la adaptación de Neymar queda desactivado con esta apreciación.

Una de las cosas más importantes en el fútbol es que un equipo tenga claro a lo que juega y cuál es la finalidad de lo que busca. Entiendo el concepto como vital. La posición de falso nueve y que interioriza Leo Messi tiene un razonamiento nítido basado en tres puntos:

1. Dotar de libertad de movimientos al mejor jugador para que él interprete instantáneamente la mejor solución.
2. Acercarlo a zonas decisivas y determinantes del juego.
3. Salir y entrar para ser indetectable. Crear dudas en los marcadores.

Cada acción debe tener una repercusión que a su vez abre una nueva oportunidad futbolística. El rendimiento de Messi justo ahí depende, en gran medida, de lo que haga el resto del equipo porque facilitará o dificultará el desarrollo. El 10 azulgrana abandona la zona de manera constante y el resto de sus compañeros tienen que ocuparla. Por lo tanto, el aprovechamiento de las áreas que se abren tiene que ser constante. Y todo pasa por ser móviles e intercambiar posiciones. Desmarques profundos en diagonal de cualquiera de los extremos justo en tiempo de pase, paredes y llegadas por el carril de los medios. En definitiva, variación de escenarios ininterrumpidamente. De lo contrario, el plan de juego pierde totalmente su sentido por mucho que se trate del mejor jugador del mundo. Y precisamente eso es lo que el equipo va perdiendo por el camino durante esta época. De comprensión rápida y representativa con estas secuencias.

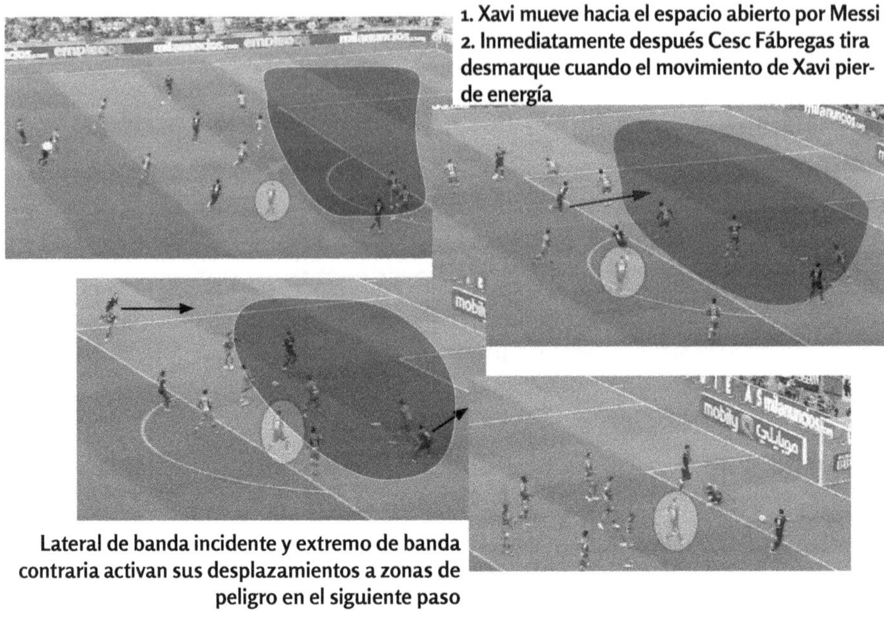

1. Xavi mueve hacia el espacio abierto por Messi
2. Inmediatamente después Cesc Fábregas tira desmarque cuando el movimiento de Xavi pierde energía

Lateral de banda incidente y extremo de banda contraria activan sus desplazamientos a zonas de peligro en el siguiente paso

Movilidad general continua. FC Barcelona - UD Levante (18/08/13)

Inmovilidad por delante del balón. Rival crea escudo para evitar conexión con Messi (izquierda).
Pocas opciones para pasador. No hay apariciones ni intercambios profesionales. Sigue la red entorno a Messi (derecha). Secuencia FC Barcelona - Atlético de Madrid (17/05/17)

El fútbol no es como otros deportes en los cuales los datos son incontestables. Son muy útiles, pero deben ser interpretados según los partidos. Los que adjunto a continuación creo que son claramente representativos. La diferencia entre los dos duelos es notable:

1. Leo Messi realiza 86 pases y seis disparos ante el Levante. Por el contra, solamente 43 pases y un disparo ante el Atlético de Madrid.
2. Así mismo, los ataques del F.C. Barcelona pasan de ser razonablemente homogéneos a presentar un desequilibrio demasiado pronunciado.

<u>F.C. Barcelona-U.D. Levante (18/08/13)</u>

Banda izquierda: 34%.

Centro: 33%.

Banda derecha: 33%.

<u>F.C. Barcelona-Atlético de Madrid (17/05/14)</u>

Banda izquierda: 27%.

Centro: 26%.

Banda derecha: 47%.

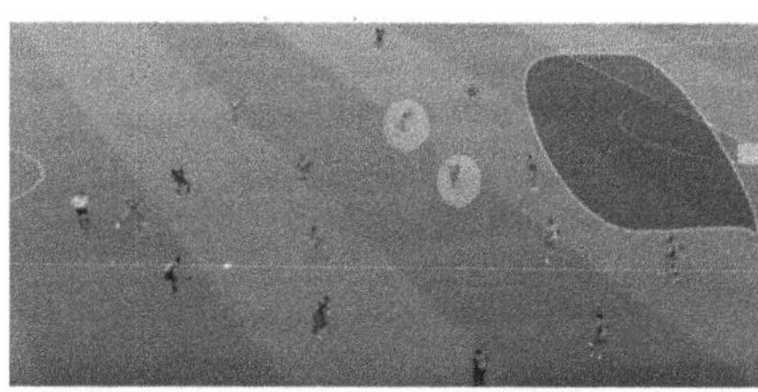

Idea de juego bien interpretada. Ocupación de espacios libres creados.
FC Barcelona - UD Levante (18/08/17)

Se pierden conceptos innegociables. No hay amplitud, profundidad antes de tiempo.
FC Barcelona - Atlético de Madrid (17/05/14)

Está muy de moda en estos tiempos hablar de presión. Y realmente es un hecho fundamental y decisivo para los equipos. Y aún creo que lo es en mayor medida en los equipos que quieren ser dominadores. Pero en demasiadas ocasiones se habla solo del concepto de presión olvidando los factores que la conforman. Un movimiento de presión es únicamente esto, un desplazamiento. Y como en cualquier desplazamiento son decisivos tanto la intensidad como los tiempos de su ejecución. Tan solo con estos dos elementos bien cuidados una presión es efectiva ante cualquier rival. No es fácil ejecutarla como un reloj. Se requiere concentración y trabajo o, lo que es lo mismo, tener los mecanismos dominados. El F.C. Barcelona va olvidando la práctica y la repetición de tales condicionantes. Eso convierte la presión del conjunto azulgrana únicamente en aparente. Con ello el equipo pierde una de las armas de mayor fuerza: las recuperaciones en zonas adelantadas. Puede parecer un hecho complementario pero realmente es vital. En los tiempos futbolísticos actuales donde los conjuntos están tan preparados tácticamente, este camino es uno de los más eficaces de los equipos que quieren ser dominadores.

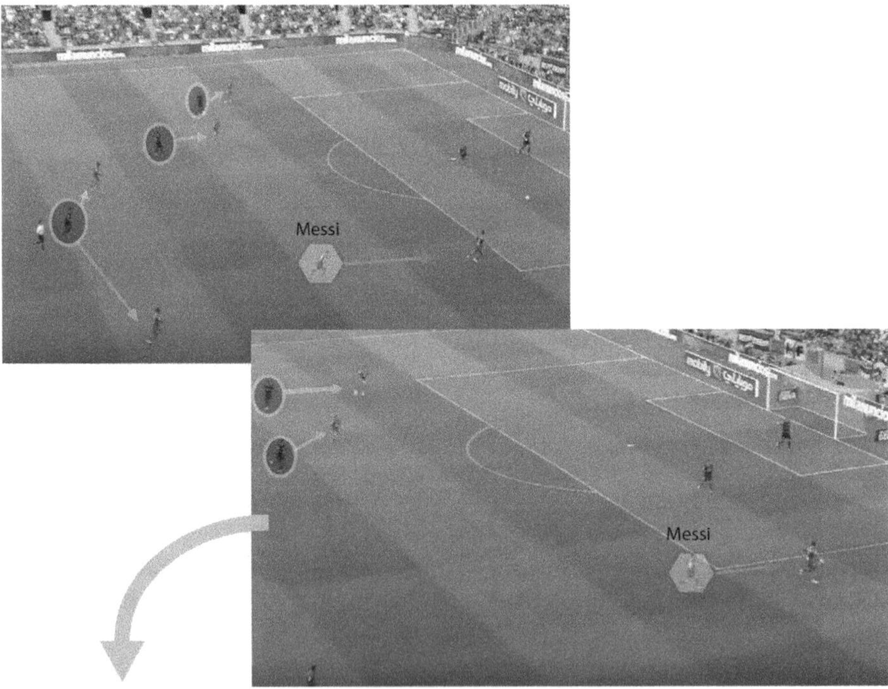

Presión intensa y coordinada. Secuencia FC Barcelona - UD Levante (18/08/17)

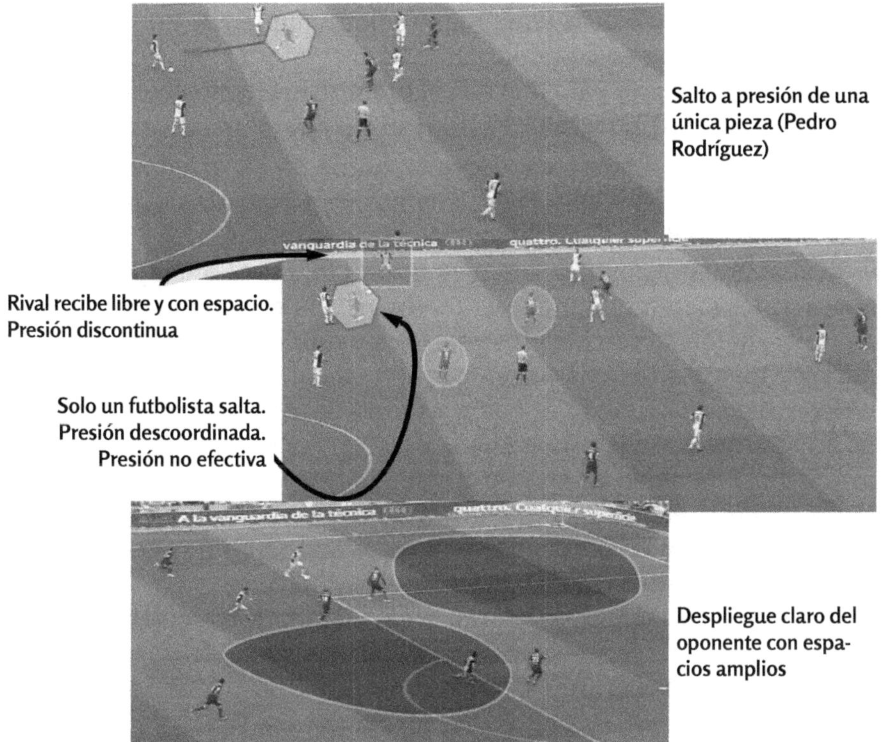

Acciones de presión descoordinada. Secuencia FC Barcelona - Atlético de Madrid (17/05/14)

Por otra parte, tal como se hace evidente en las imágenes adjuntadas, los oponentes han encontrado lo que es llave del plan anti Barça para minimizar su potencial ofensivo. Y este plan anti Barça se concentra casi integralmente en un plan anti Leo Messi.

PLAN ANTI MESSI

Los oponentes se centran en hacerse fuertes por la parte media, poblando el eje central. En contrapartida, desprotegen los costados dando vía libre de entrada al conjunto barcelonista. ¿Y cómo lo realizan? Pues por medio de dos aspectos: el numérico y el de una idea defensiva. La gran mayoría de contrincantes tiene claro que reduciendo al argentino se reduce en gran medida la capacidad de generar ideas ofensivas del Barça. Así pues, sacan futbolistas de banda para situarlos en la zona de incidencia de Messi para tener superioridad numérica. En base a este hecho se convierte en común y habitual imágenes en las cuales existen situaciones de cuatro para uno con la premisa indispensable de evitar la conexión con el 10 azulgrana.

A partir de ahí, entra en acción el segundo de los aspectos sobre los cuales se apoya este plan: la idea defensiva. Los cuatro jugadores que ocupan las bandas tienen la consigna obligatoria de cerrarse siempre y no abandonar zona. Los laterales no saltan nunca a la aproximación lógica de los extremos aunque estos abran campo. El manual estratégico pasa por quedarse cerca de sus centrales y cubrir la denominada 'corta'. Así mismo, los interiores tienen como finalidad número uno la basculación exagerada cuando el balón está en posesión del F.C. Barcelona en banda opuesta. De esta manera, éste se localiza en una situación de pivote en la medular. La artimaña defensiva tiene un único fin: que Leo Messi no entre en juego por dentro, y 'tirar' la progresión azulgrana a la banda. Los rivales empiezan a aplicar estos dos conceptos de una manera muy rigurosa y el engranaje barcelonista acaba por sucumbir por fuera terminando la acción en centros al área. Cuando esto ocurre, el equipo defensor tiene que concentrarse en fortificar su situación y atención para la protección de los centros laterales.

Cuanto menor es el espacio para que entren los pases para Leo, más seguridad logran las defensas. Ellas se concentran en la distancia perfecta entre las líneas. Si ya realmente considero un hecho fundamental en la fase defensiva del fútbol, todavía tiene una escala de valor más alto cuando se quiere evitar la conexión entre líneas.

"Recuerdo perfectamente a un compañero que tuve en la etapa media de mi carrera. Se trataba de un gran jugador y que así mismo contaba con mucha experiencia en retos importantes. Acostumbraba a repetir siempre la misma frase antes de los partidos: "Equipo, lo más importante es que estemos juntos. Lo demás ya vendrá pero, sobre todo, juntitos". En esos tiempos yo le daba una importancia relativa. Dentro de mí pensaba que por qué siempre repetía lo mismo independientemente del partido. Un jugador de sus prestaciones y sus vivencias debía tener una baraja más amplia de consejos en función del contexto de partido. Con el tiempo vi que su mensaje tenía todo el sentido del mundo. En los instantes previos a un encuentro no hay espacio para el exceso de información y esta frase referida a este concepto es la que mejor lo resume".

Los repliegues rápidos son otro factor que los contrincantes implantan con mucho oficio. Hay dos vertientes muy marcadas. Por una parte, el primer paso es el de intentar acabar las jugadas de ataque con disparos o remates a portería rival para no conceder la opción del juego abierto

al Barça. De esta manera es imposible que los barcelonistas evolucionen y lleguen a zonas de tres cuartos. Pero es evidente que esto no siempre es posible a lo largo de los noventa minutos. Así que, cuando no consiguen este primer paso, el segundo pasa por replegar inmediatamente a la zona de confort defensiva o, lo que es idéntico, poner de nuevo el mayor número de jugadores por detrás del balón casi de forma inmediata.

De la misma manera existe también una selección en la presión de ciertos jugadores. Por ejemplo, los marcadores tienden a diferentes estados de presión cuando el balón lo tienen jugadores como Andrés Iniesta o Sergio Busquets, que si lo tienen los laterales o alguno de los centrales que se incorporan. Conocen a la perfección el perfil y las maniobras de todos ellos. Saben que los dos primeros pueden enlazar con Messi a la mínima posibilidad con lo que priorizan estar más cerca e intensos de ellos.

Sobre todos estos puntos son los que los rivales, poco a poco y a base de testear, construyen una red para parar la influencia tan brutal que Leo Messi tiene en todos los encuentros. A todo ello se le añaden las carencias. Aspectos como una circulación de balón insuficiente, falta de disparo exterior, pérdida de algunos conceptos básicos como la amplitud máxima, tiempos de realización en la profundidad.

Este es el mapa de calor de Leo Messi en el partido que marca tal punto de inflexión. El futbolista se mueve mucho, pero esta vez no como aspecto positivo y dinamizador de su participación en el juego. Los colchoneros construyen una especie de calabozo destinado a detener el acceso azulgrana hacia Messi. Al equipo le cuesta demasiado encontrarle y el propio jugador no logra zonas de recepción clarividentes.

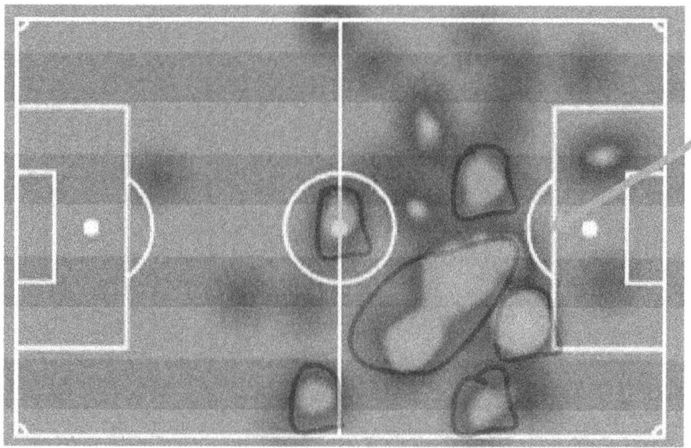

Mapa de calor de Leo Messi. FC Barcelona - Atlético de Madrid (17/05/14) (1-1)

De los pases globales en el encuentro también entiendo sacar una conclusión que refuerza esta lectura. El F.C. Barcelona realiza un total de 567 pases. Pocos para el juego usual del equipo. 463 de ellos en corto, que son en los que el equipo se siente más identificado, y 73 pases largos (un 12,8% del total). Una auténtica barbaridad para lo que es común y un síntoma inequívoco de la dificultad del conjunto azulgrana para encontrar salidas de continuidad. Y para refrendar aún más estos condicionantes tácticos, adjunto los datos equivalentes del ya tomado como ejemplo F.C. Barcelona-U.D. Levante (7-0 del 18/08/13) y del Real Madrid-F.C. Barcelona (3-4 del 23/04/14).

F.C. Barcelona-U.D. Levante (18/08/13)
Pases totales: 756.
Pases cortos: 681.
Pases largos: 49 (6,5%).

Real Madrid-F.C. Barcelona (23/04/14)
Pases totales: 756.
Pases cortos: 681.
Pases largos: 49 (6,5%).

Así mismo, la incidencia del 10 azulgrana se ve muy reducida para lo que en él es habitual. Pocos pases y con escaso margen de éxito. Poco tiempo para pensar y espacios reducidos para que éstos entren. Por lo que hace a la fase de finalización, el futbolista sólo localiza oportunidad para un único disparo en los noventa minutos y éste es bloqueado.

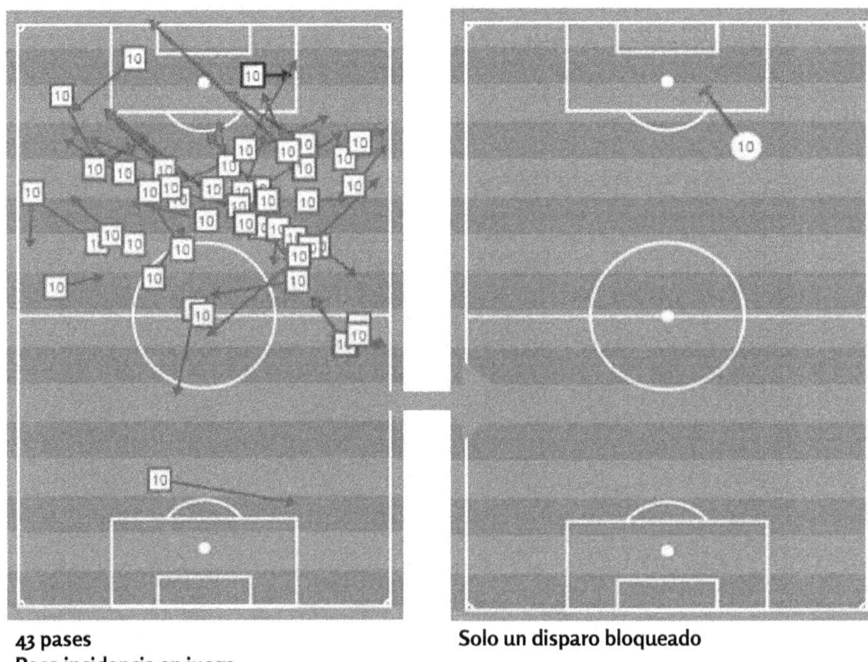

43 pases
Poca incidencia en juego

Solo un disparo bloqueado

Leo Messi (total pases - total remates). FC Barcelona - Atlético de Madrid (17/05/14)

La imagen de Leo Messi decaído y volviendo a vestuarios al finalizar dicho encuentro marca el fin de esta etapa. Su incomparable mentalidad ganadora canaliza su insatisfacción personal hacia el pensamiento incesante de nuevas vías de fútbol. Impulsa nuevamente un estudio interior sobre cómo volver a convertirse en imparable. Cabizbajo, afligido y pensativo a la vez que motivado y excitado, define ese paseo que cierra la puerta al Messi 3.0 y empieza a poner las bases del que será su siguiente estatus.

CAPÍTULO 5

MESSI EN LA ESTRATEGIA

Capítulo aparte merece este aspecto en la evolución del jugador. La relación de Leo Messi con el balón parado ha ido incrementando con el paso de los años. Su trayectoria empezó focalizándose en diferentes aspectos del fútbol. Es como si todo lo que implicara estrategia quedara fuera de su interés. Por una parte, es lógico que así sea en un jugador joven. La prudencia es una virtud en las carreras que empiezan muy tempranas y, más aún, en clubes de tanto potencial como es el F.C. Barcelona. Así mismo, la gestión interna del balón parado dentro de un equipo de fútbol siempre ha ido de la mano de los galones en el vestuario. Del peso futbolístico dentro del equipo. Hasta aquí todo es relativamente lógico. Lo que no es tan común es pasar de la nada al todo en ello. Y más desbordante aún, la progresión que el astro argentino ha tenido con el balón parado.

"Personalmente tuve una relación estrecha con el balón parado durante mi trayectoria. Obviamente, por cuestión de juventud y de galones, ésta fue en aumento de manera directamente proporcional a mi importancia en el equipo. Acostumbraba a lanzar todas las faltas, así como los penaltis cuando alcancé jerarquía para ello. Me gustaba y asumía con comodidad y orgullo este papel protagonista. Aun así, fueron multitud las ocasiones en que me acercaba a la zona donde se había producido la falta y tenía que volver por donde había venido al ver que eran otros jugadores con dotes y con mayor autoridad quienes se encargaban de asumir este papel. Lógico y normal en los inicios. Pero yo siempre me acercaba. Cada vez probaba. Pensaba que alguna opción, alguna grieta en las decisiones podría aprovechar. Era pesado e insistía. Y así paulatinamente hasta que la situación, por su propio peso, fue cambiando".

No es el caso de Leo, quien en sus primeros años no tuvo una inquietud en ejecutar acciones a balón parado. Quizá sólo era una impresión pero, repito, algún momento de interés hubiera desprendido. Ni una muestra de ello. Es como si se centrara en explotar sus virtudes en las cuales se sabía fuerte. Hasta que un día su incesable ambición competitiva decidió abordar esta cuestión. Y Messi nuevamente ofrece una lección de mentalidad y trabajo al mundo.

EL OBSTÁCULO DE LAS FALTAS DIRECTAS

El deporte es tan bonito que siempre guarda la posibilidad de la superación. Pero sólo los genios se aferran a esta opción de una manera incesante. Lionel Messi es uno de estos distinguidos seres que quedará para la historia. Es un animal competitivo con un don único para el fútbol.

Este punto de inflexión llega alrededor del 2010. El 10 azulgrana ya es el mejor del mundo. Le saca mucha diferencia al resto, pero el juego todavía le presenta obstáculos en los que puede perfeccionarse y hacerse aún más grande. El caso del balón parado es el ejemplo más claro. El astro argentino está lejos de ser un especialista, se mostraba flojo en esa faceta. Suelen ser otros jugadores quienes comparten este papel. En la 2006/07 no marcó desde esa instancia. La temporada 2007/08 consiguió dos goles. En la 2008/09, otros dos. Repite registro en la 2009/10 y en la 2010/11 hizo uno.

Por aquel entonces, cuenta Juan Carlos Unzué. “Tito lo habla con Leo. Le dice que le pegue. Le anima a lanzarlas. En los últimos tiempos se le ve entrenarlo más”, explica. Las faltas no son su territorio único hasta que se propone cambiar por completo este panorama. Y con la extraordinaria mentalidad que siempre le ha acompañado se pone manos a la obra. Empieza a practicar. Las ganas de Messi de superarse en ese aspecto, sumado a su liderazgo en el equipo, lo llevan a adueñarse de la pelota parada. Con el tiempo y una práctica incesante afina su técnica y se convierte en un francotirador absoluto. Así de fácil y así de complejo. Convertir una debilidad en una gran fortaleza sólo está al alcance de elegidos. El 10 azulgrana lo es y lo hace más pronto que tarde. Tanto que está a punto de romper el récord como máximo anotador de Barcelona en esa instancia, con 26 goles.

EL DOCTORADO EN LOS LIBRES DIRECTOS

Su evolución y sus porcentajes mejoran de una manera meteórica.
Temporada 2011/12: 3 goles de 55 intentos.
Temporada 2012/13: 4 goles de 47 intentos.
Temporada 2013/14: 3 goles de 36 intentos.
Temporada 2014/15: 4 goles de 55 intentos.

En porcentaje todavía es más espectacular el cambio. Pasa de 5,5% de acierto a un 12,3%. Semana tras semana demuestra su dominio, su calidad, su don y su reconversión en los libres directos. Combina toques suaves con disparos potentes. Controla todos los ángulos y cualquiera de las direcciones. Palo largo, palo corto o por encima de la barrera. Aplica todas las variaciones posibles. Su momento es mágico y los guardametas oponentes no saben dónde ir a buscar.

Calidad y precisión en la realización. Gol de tiro libre, Supercopa 2012, FC Barcelona – Real Madrid.

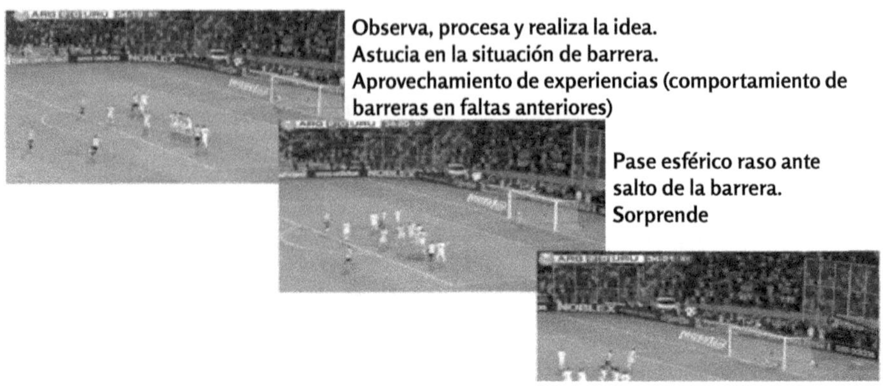

Sutileza y astucia. Gol de tiro libre, Argentina-Uruguay 12/10/12

El doctorado llega el 4 de febrero del 2017 cuando perfora la red rival convirtiendo el gol número 27 de libre directo. Justo ahí supera los registros de un mito barcelonista como Ronald Koeman y ya es el mejor también en esto.

Gol de Falta Nº 27 de Leo Messi, supera récord de Ronald Koeman. FC Barcelona–Athletic de Bilbao (04/02/17)

Amaga al palo largo, supera barrera con disparo potente cerrado y sorprende al portero.

Y no solo es su toque, su efectividad. Messi logra un punto de jerarquía absoluto. Todo el mundo está pendiente de él. Organiza y distribuye. En su convivencia con el tridente, cada tanto suele ceder algún remate a Neymar o a su inseparable Luis Suárez, pero todo lo controla él.

Todo pasa por él. No es una imposición personal, sino una ganancia demostrada con un extraordinario bagaje a sus espaldas. Ahora es total y no hace tanto era residual. En la temporada 2008/09, por ejemplo, únicamente lo intenta siete veces y en la 2006/07, sólo una.

MESSI DESDE LOS ONCE METROS

Como la de cualquier líder en la vida, la historia de Leo Messi es indisociable de los momentos de todo o nada. Eso son los penaltis. Los once metros le conceden momentos de gloria. Por el contrario, también le privan de ansiados títulos. El desenlace de la Copa América Centenario en 2016 es, quizá, el capítulo más amargo.

Mucha gente cree que los penaltis son una lotería. He sido lanzador toda mi carrera y tengo especial fijación cuando el fútbol nos ofrece estos momentos. Como cualquier otra parte del juego, tiene su complejidad y creo que es un aspecto infravalorado por la opinión pública.

"Recupero una historia de mi experiencia en los terrenos de juego. Es domingo 28 de junio del 2015. Partido final de la promoción de ascenso a Segunda división B entre La Pobla de Mafumet, actual filial del Nàstic de Tarragona, y el Gerena andaluz. Alberto Varo, portero local que después firmaría por el F.C. Barcelona, se dispone a lanzar el primero de los penaltis de la tanda. Justo en ese momento pienso que, en el resultado de esta acción, estará la eliminatoria. Lanza Alberto Varo y marca. ¡Ejecución perfecta!

Ahora es fácil pero, sin duda, una decisión arriesgada y con valor. Subrayo la valentía del entrenador local, Martín Posse, y sobre todo la de Alberto Varo para asumir dicho papel protagonista. No se trataba de un penalti más de la decisiva serie, sino que se trataba del penalti. Los hechos posteriores dan veracidad a mis sensaciones.

Inmediatamente después de la citada acción, Alberto Varo detiene el lanzamiento del jugador del Gerena. La inyección de autoconfianza que

había acabado de recibir le hace completar una tanda de penaltis espléndida y La Pobla de Mafumet asciende de categoría".

El mundo de los penaltis ni es fácil ni es cuestión de pura suerte.

FORMAS DE LANZAMIENTO

Parece racional pensar que los lanzamientos desde los once metros han tenido su propio progreso. Pero es un apartado tan volátil que puede llevar a dudas en su interpretación. Si analizamos los datos, realmente es un reflexión cierta. Es muy interesante observar la evolución histórica que demuestra esta opinión.

En los 90, de cada siete penaltis, uno no era transformado en gol → Esto supone el 14,2%.

Ya establecidos en la temporada 2014/15, los datos de tres de las principales competencias son:

1. En La Liga 2014/15, de los 108 penaltis que se golpean, 22 no acaban en gol. Un 20,3% del total.
2. En la Premier League 2014/15 se señalan 84 penaltis y 22 de ellos se paran. Es decir, 26,2% del total.
3. En la Champions League 2016/17 se señalan 53 penaltis y 13 son atajados. El porcentaje se establece en 24,52%.

La tecnología de la información, el entrenamiento de factores psicológicos, la lectura de la posición del cuerpo y, sobre todo, el estudio detallado por parte de los porteros son las principales razones de esta tendencia. Y, aunque es un punto que depende en alto grado de una buena realización del lanzador, da la sensación que la dificultad para convertirlos se incrementa año a año y que subirá pequeños peldaños. Con todo, existen diferentes formas para la ejecución de las penas máximas. Varios modelos de conducta en los cuales los jugadores en función de sus características se apoyan.

El futbolista piensa imaginariamente dónde lo quiere lanzar y se centra solo en ello. Normalmente el lanzador escoge el lado donde se siente más seguro, apuesta a un costado.

Ventajas: Los factores externos influyen poco en el lanzamiento. Eso sí, el lanzamiento debe ser potente para evitar que el portero llegue al balón en caso de acertar el lado.

Inconvenientes: No puedes lanzar siempre al mismo lado porque los porteros te estudian y te 'calan' rápido, con lo cual debes tener, como mínimo, dos lanzamientos mecanizados.

Dos claros ejemplos de esta práctica son Cristiano Ronaldo y el ya retirado Francesco Totti.

Otro modelo es el de mirar al portero. El lanzador soporta los tiempos para que sea el guardameta quien decida antes que él. Una vez observada la decisión, se direcciona el disparo al lado opuesto.

Ventajas: Es el que reporta una mayor seguridad. Si se hace bien, es infalible.

Inconvenientes: Personalmente creo que esta es la praxis más difícil. Es imperativo ser muy bueno y tener tranquilidad. Esta vía conlleva el riesgo que el tiempo se tire encima. Requiere calma y una mentalidad muy fuerte.

Ronald Koeman, Alessandro Del Piero o Gaizka Mendieta han sido los mejores en esta práctica.

Rutina: aguanta y mira al portero. Termina en el lado opuesto.

La última opción es la mixta. El jugador aguanta al portero sin apurar al último momento. Parte con la idea preconcebida de lanzar al lado de seguridad en caso de que el portero también se mantenga firme.

Ventajas: Es una mecánica que posee las dos posibilidades. Un plan A y una alternativa de seguridad. Eso proporciona cierta tranquilidad interna al jugador.

Inconvenientes: Existe el riesgo de quedar a medias. No hacer “caer” al portero a un lado y que el lanzamiento no sea ni tan potente ni tan preciso como cuando la elección es clara de salida. Y en esta parte Leo Messi es un especialista.

Otra de las preguntas más repetidas en los lanzamientos desde los once metros es ¿son entrenables? Esta es una de las preguntas más recurrentes y de disparidad de opiniones. Para mi forma de entender el fútbol, rotundamente sí. En todos los casos y en todos los formatos.

El Cholo Simeone afirmó “es imposible simular una situación de tal presión como la del lanzamiento de un penalti”, al ser preguntado en rueda de prensa. Obviamente esta es una realidad en la que estoy de acuerdo en parte. Porque la presión sólo es una parte de la mecánica. Es cierto que se trata quizá de la de más peso en la resolución final pero, al fin y al cabo, es una fracción de la acción. Hay dos componentes a añadir en los lanzamientos de las penas máximas. Son la mecanización y la visualización. Y estos sí son cien por cien entrenables sea en la forma que sea.

Como el mismo término indica, la mecanización consiste en la práctica repetida de una o más tipologías de golpeo. Una buena mecánica da confianza al futbolista encargado de asumir este compromiso. Y la confianza ayuda a que el porcentaje de marcar aumente.

Es evidente que el grado de presión del partido no lo encontrarás nunca en un entrenamiento pero se pueden buscar fórmulas para acercarte a ello y aquí es donde entra en juego el segundo componente: la visualización. Si bien es cierto que es imposible reproducir escenarios de partido, también lo es que aproximarse a ello pasa en gran parte por la capacidad de imaginación y abstracción que el jugador pueda lograr en los momentos de entrenamiento.

"Cuando era futbolista, siempre me responsabilicé de los lanzamientos desde los once metros. En el entrenamiento previo a partido, me quedaba lanzando penaltis unos minutos. Esta es una práctica muy común en los jugadores. Contaba con la complicidad de uno de los porteros de la plantilla. Mecanizaba y simulaba. El guardameta hacía su parte y yo, la mía. Una de mis obligaciones era la de buscar pequeños retos que añadieran presión (pequeñas apuestas con compañeros u objetivos personales). En uno de los momentos de la secuencia de golpeo intentaba transportarme al partido siguiente. Visualizaba el campo donde se jugaría el partido, la posible portería y el portero que tendría delante. Imaginaba, procesaba y decidía. A partir de ahí, muchas repeticiones para ganar en autoestima".

Ese era mi automatismo. Una rutina que me reportó muy buenos resultados y que, como vemos, es totalmente entrenable. Únicamente se trata de una parte de la posible acción, pero indudablemente agranda las posibilidades de acierto.

¿CÓMO LANZA LEO MESSI?

El astro argentino ha tenido una evolución en sus lanzamientos de penaltis. En sus inicios utiliza el método que catalogo como B. Es decir, la opción de aguantar al portero. Esta práctica todavía se hace más notoria cuando sus niveles de confianza adquieren los máximos. Así mismo, es incuestionable que tiene la calidad y la capacidad en la toma de decisiones como para realizarlo de manera excelente. Se siente cómodo y confiado. Esta es una secuencia del 2010. Messi aguanta al portero, mira y va a lado opuesto cuando este cae.

Durante el proceso vive una situación un tanto amarga en la efectividad desde los once metros. En la temporada 2014/15, los porteros han tenido tiempo suficiente como para estudiarlo detenidamente. Justo en este curso parece que lo descubren y encadena una serie de tres penaltis no transformados. Todos ellos van al mismo costado y la totalidad de los guardametas se tiran ahí. Su confianza baja, y decide cambiar su método hacia el modelo C. Pasa a la opción mixta. Aguanta al portero pero no al límite. Si la cosa no está suficientemente clara en el preciso instante del golpeo, acaba chutando a su lado de seguridad que supone su derecha. De la mano de eso mejora temporalmente sus registros y desembaraza una situación que parecía nebulosa.

Imagen de los tres penales errados 2014/15

SU MOMENTO DELICADO

La variación le permite a Leo Messi sobrellevar con éxito esta responsabilidad hasta que a inicios del 2016 vive su momento más delicado. Es el mejor del mundo. No hay dudas. Pero si en algo se puede decir que el 10 azulgrana es humano es en los lanzamientos de penalti. Siendo un gran lanzador, sus números bajan y la cortina de la duda se implanta definitivamente. En una franja de tiempo muy corta pasa a tener unos registros que no se corresponden con su sensacional trayectoria.

La 2015/2016 es el curso más tenue del astro argentino en el presente apartado. Messi lanza seis penaltis y solo tres acaban en gol. Convierte ante el Elche por partida doble (en el Camp Nou y en Valencia). Hace lo propio al Levante en Barcelona, pero su disparo se va por encima del travesaño. Oblak le detiene un lanzamiento en el Estadi, aunque tras el rechazo Leo marca. Una creciente incertidumbre le rodea y, pocos días después, Joe Hart le detiene el lanzamiento en el campo del Manchester City. Situación complicada. En sus últimos 10 penaltis que ha chuta entre F.C. Barcelona y la selección argentina, falla cinco de ellos. Y si miramos los siete últimos lanzamientos con el Barça, sólo convierte en tres ocasiones.

Es difícil saber qué pasa por la cabeza del mejor jugador del mundo pero, indudablemente, la presión que estas caídas ejercen sobre su mente es incontrolable. La realidad es altamente inquietante, pero él es Messi. El carácter más grande que se ha visto sobre el césped.

EL GOLPE DE UN GENIO

Desquiciados como están tanto él como Neymar en los lanzamientos desde los once metros, el genio de Rosario encuentra una solución que sólo puede pasar por la cabeza de un genio. Una acción que ya difícilmente repetirá, pero que descompuso tal obsesión y encumbró aún más al 10 del Barcelona. "A grandes males, grandes remedios", dice el proverbio.

El 14 de febrero del 2016, Leo Messi realiza su particular homenaje al número 14 por excelencia en el mundo del fútbol, Johan Cruyff. El 10 azulgrana corre a por el balón y, cuando todos los humanos nos preguntamos cuál será el lado del disparo, cede a su derecha. Allí, tal como habían pactado, debe aparecer Neymar, pero se adelanta Luis Suárez, que finaliza raso a gol con el portero batido. Fue aquel famoso penalti que se remonta al 5 de diciembre de 1982, cuando Johan Cruyff popularizó el penalti indirecto. El Flaco llegó y, por sorpresa, tocó la pelota hacia la izquierda para Jesper Olsen, que se la devolvió para que este anotara.

Años más tarde, Pires y Henry lo intentaron en 2005 con el Arsenal. Pero se quedaron con las ganas. El primero no alcanzó el esférico, Henry se pasó y el colegiado señaló falta porque la pelota no se puso en movimiento. No ocurrió lo mismo en el Camp Nou. Luis Suárez marcó y fue la culminación de una obra maestra de Messi, que descosió al Celta.

Gol de penal: Indirecto Leo Messi FC Barcelona – Celta de Vigo (14/02/16)

Gol de penal: Indirecto Johan Cruyff (05/12/1982)

LA VIDA SIGUE

La genialidad queda para la historia y permite a Leo desvincular ciertas dudas para seguir el camino de la responsabilidad en los penaltis. Desbloquea y avanza hacia el talento. Viendo que sus movimientos son exhaustivamente analizados, decide pasar a la acción más incontrolable posible. Su trayectoria desde los once metros le reportan dominio en todas las formas de lanzamiento y eso es lo que va realizando. Elige según los factores que le rodean (partido, portero, sensación). Y, aunque ya no es infalible, recupera los dotes de extraordinario lanzador. Será difícil que recupere la infalibilidad en el duro juego de los penaltis, pero maneja las situaciones de presión como nadie.

Durante el resto de su carrera se va a encontrar situaciones difíciles. Marcará a gran mayoría de los lanzamientos y, también con total probabilidad, no conseguirá convertir algunos. Insisto, no será infalible pero sí un gran lanzador. Y él debe ser el lanzador en cualquiera de los equipos en los que habite. Es el líder y asume que es quien debe adjudicarse este papel.

CRECIMIENTO CON LA DERECHA

Justo en esta época es la franja en la que se hace más evidente otro aspecto de notable mejora: el manejo de su pierna no hábil. En el fútbol muchas veces cometemos lo que creo que es un gran error de concepto. Tendemos a ensalzar ciertas frivolidades técnicas en detrimento de otras calidades básicas indispensables. Rabonas, ruletas o regates imposibles son recursos excelentes para un jugador. Pero lo que realmente es útil para el día a día de un jugador son las calidades técnicas básicas que a menudo despreciamos. En este sentido, la habilidad para utilizar ambas piernas proporciona una ganancia exponencial para cualquier futbolista.

Leo Messi comprende esta ventaja a la vez que madura futbolísticamente. Él nunca será un jugador que domine su pierna derecha a las mil maravillas. Tampoco es su objetivo, pero sí se propone mejorar prestaciones en una pierna que, hasta el momento, había pasado desapercibida. Paulatinamente va mejorando en ello y su confianza va en claro aumento. Lo que antes era una negativa continua a utilizar dicha pierna ahora pasa a ser aplicable en ciertas ocasiones.

Eso le proporciona más ventajas a un ya casi insuperable futbolista. Crece aún más. La principal ventaja futbolística que adjudica esta característica es la rapidez en las rutinas elementales en las que se basa el juego:

Perfecciona los pases: Le permite no depender de la pierna hábil para la mecánica de pase. Aunque la precisión no es la misma, concede al futbolista el principal valor añadido que tiene un pase: darlo en el instante preciso. Así pues mayor calidad, mejor *timming* y, en consecuencia, más excelencia.

Exquisitez en la finalización: La evolución en el manejo de su pierna no hábil le da la opción de realizar un remate de primera sea cual sea su ubicación y la trayectoria de la cual proviene el balón. Ser más rápido en el remate final en el área le otorga un rango de imprevisibilidad inalcanzable e imposibilita el bloqueo del chut para el marcador. Se convierte en usual verle finalizar acciones de gol de tal forma cuando, sólo pocos años atrás, era impensable.

Perfila el cuerpo a su pierna hábil, recorta con la izquierda y define con la derecha

Los controles: Maniobra básica para el juego y que se utiliza multitud de veces durante un encuentro. El auge de la pierna derecha le permite tirar más de los controles orientados. Estos le facilitan la vida en gran medida a un futbolista que recibe los marcajes más férreos. Ello le permite escapar a cualquier de los dos lados ya en el primer contacto. Supone un extra para Messi.

Perfección de la diagonal hacia el centro: En lo que es una de sus maniobras características también le aportan más valor. Le concede amagar, gesticular y amenazar al rival con un pase ahora creíble. Así mismo, le reporta la posibilidad de ver y asistir diagonales interiores de sus compañeros. En definitiva, jugar con el entorno de manera real y más efectiva de lo que ya era.

CAPÍTULO 6

MESSI Y EL TRIDENTE (MESSI 5.0)

De la misma manera que la nueva evolución del mejor jugador de la historia tiene un claro punto de inflexión en la llegada de Luis Enrique al banquillo azulgrana, también es innegable que no se forja de una manera inmediata, sino que va fabricándose poco a poco. Y lo hace paralelamente al fenómeno de tres piezas de una fuerza futbolística descomunal: el tridente. Con Leo Messi como líder indiscutible y pieza de este triángulo, los roles de su versión 5.0 y de su propia ubicación dentro del tridente van estrechamente relacionadas.

El 'origen oculto' lo hallamos en un caluroso día de verano. Después de largos días de negociación entre F.C. Barcelona y Liverpool, el lunes 14 de julio del 2004, Luis Suárez firma por el F.C. Barcelona. El delantero uruguayo llega avalado por su capacidad goleadora, pero con el *handicap* de una discutida personalidad que le conllevó multitud de episodios polémicos. Esto propicia que llegue sin focos, sin cámaras y con muchas dudas en torno a su temperamento. La sanción de la FIFA impide a Luis Suárez, no solo competir con la camiseta azulgrana, sino también entrenarse hasta el 26 de octubre de ese año. Todos los eventos quedan aplazados. El castigo al brillante atacante, que cuesta 81 millones de euros, implica muchas limitaciones. El jugador es consciente de que deberá cumplir con un periplo de cláusulas ilimitado. Ante todo ello, la entidad sabe que el futbolista no puede realizar ningún acto de carácter público. Ahora bien, en su ámbito personal, evidentemente puede entrenarse por su cuenta, jugar al fútbol con amigos. Paradójicamente, el uruguayo por el que se ha pagado una gran cantidad de dinero, no se puede mostrar en público.

Este escenario no es el más favorable para Luis Suárez. Y ligado a ello, tampoco se trata de un contexto ideal para el equipo. El horizonte inmediato ya dibuja un condicionante mayúsculo para Luis Enrique y para el propio Messi: hacer compatible a estos tres grandes futbolistas.

La mayoría de las personas del fútbol (entre las que me incluyo sin esconderme) pensábamos, en ese instante, que tal encaje sería prácticamente imposible. Si analizamos la historia, vemos que es altamente complejo que funcionen este tipo de recetas. La aventura de la denominada MSN se hace esperar.

Entre tanto, el nuevo F.C. Barcelona empieza su camino con idéntica estructura táctica pero con importantes cambios invisibles. Como era de esperar, el 4-3-3 sigue siendo el campo base. Es lo más lógico por el buen funcionamiento del sistema y porque así mismo es el esquema en el que el técnico se ha sentido más cómodo hasta su llegada. La posición de Messi no varía y sigue actuando como falso nueve expansionado de los últimos tiempos. Eso sí, el entorno empieza a ser más favorable.

Pero el destino tiene reservado un estreno superlativo para el tridente. Justo el día después en que la sanción deja de tener efecto, el F.C. Barcelona visita el Bernabéu. Y a pesar de que parece inverosímil en la previa, Luis Suárez debuta de inicio. Luis Enrique le ubica en banda derecha del ataque azulgrana, con Neymar haciendo lo propio por la banda opuesta y un Leo Messi repitiendo asentamiento central. La primera jugada en que entraron en contacto es magnífica. Corre el minuto tres de partido y Xavi Hernández abre para el uruguayo en la derecha. Éste realiza un gran cambio de orientación a Neymar. El brasileño, abierto en el flanco izquierdo, hace el resto con una gran finalización para establecer el 1-0 en el marcador.

Inicio de jugada. Messi recibe centrado y progresa muy exigido por el rival

Luis Suárez recibe de Xavi abierto en banda

Posicionamiento tridente (bandas cerrados).
Cambio de juego para Neymar

Finalización

Jugada puntual (1er. Gol - Neymar 3'). Producto del talento futbolístico. Real Madrid - FC Barcelona 25/10/14

Pero se trata solo de una jugada puntual, una ilusión. La estructura no funciona a partir de ahí y las sensaciones no son las mejores. El F.C. Barcelona acaba cediendo por 3-1 en el campo del principal rival. El partido pone encima de la mesa el gran margen de mejora que requiere el plan. Una semana más tarde, el camino sigue con la visita del Celta de Vigo. Nuevamente la misma distribución, con Messi en la posición de falso nueve. Las impresiones son mucho mejores y el equipo cuenta con un buen número de ocasiones. Aun así, el gol de Larrivey supone la derrota azulgrana en el Camp Nou.

En Almería, los azulgranas consiguen los tres puntos con dos piezas del tridente (Luis Suárez y Neymar) partiendo desde el banco. La distribución de los tres atacantes siguió siendo la utilizada hasta entonces para la posterior visita del Sevilla. El pasaje tiene altos y bajos de rendimiento muy evidentes. Aunque el equipo muestra minutos muy resaltables, no está nada fluido en el asentamiento ofensivo. El 30 de noviembre del 2014 ante el Valencia, Luis Enrique aplica la primera variación. Esta vez alinea al delantero uruguayo en la posición de 9, con Messi y Neymar a sus costados. No es un cambio desde el punto de vista táctico, ya que ninguno de los dos jugadores se sitúa abierto en banda. Se trata de una variación únicamente de jugadores. Esta imagen es altamente representativa de ello.

Messi, Neymar y Luis Suárez centrados. Los laterales, proporcionando amplitud

Este es el plan que el Barça sigue en los siguientes partidos. A pesar de que encuentra algunos resultados contundentes, como las victorias ante el Sevilla o Espanyol por 5-1, el equipo no muestra una versión atacante potente. Una dinámica que esconde que el encaje no está completo. Acto seguido llega aquel convulso domingo 4 de enero en Anoeta. Después de las Fiestas, sólo una de las piezas del tridente parte de inicio. Luis Suárez actúa como delantero centro mientras que Messi y Neymar esperan turno en el banquillo. El resultado es conocido por todos. El F.C. Barcelona es incapaz de sobreponerse a un tempranero gol en propia puerta de Jordi Alba. En realidad, no crea posibilidades de gol ante la defensa txuriurdin. Messi salta al césped durante el segundo período y tampoco logra cambiar la dinámica. El poder atacante queda en evidencia y ello enciende absolutamente todas las alarmas.

PRUEBA Y ERROR

La derrota de San Sebastián provoca multitud de reacciones. Zarandea el entorno azulgrana y acaba con un despido, el de Andoni Zubizarreta por el camino. Pero más allá de este hecho, provoca así mismo cierta tensión en el vestuario. En un acto del que luego se arrepentiría, Messi no acude al entrenamiento posterior para demostrar su inconformidad con la situación deportiva. Desde el punto de vista futbolístico, la derrota sirve de punto de alerta para que todas las partes constaten que hay muchas cosas que cambiar. El equipo no es sólido pero lo que le duele

al gen azulgrana es que desprende impotencia atacante ante situaciones complicadas. Y lo peor de todo, son prácticamente nulas las opciones para que Leo Messi sea determinante. Recibe alejado en exceso de las zonas decisivas y demasiado maniatado, casi siempre por el número de oponentes y por su atención. En mi opinión, los problemas son claros: el F.C. Barcelona no tiene amplitud. La profundidad es limitada y, sobre todo, el mecanismo general no es capaz de construir un escenario propicio para el mejor jugador del mundo.

La idea de situar a los extremos cerrados y a los laterales abiertos tenía todo el sentido del mundo si a él se le añadía una amplitud de campo bien aplicada. Solo a cuentagotas el equipo había tenido hasta entonces los dos factores solicitados y eso significaba que ni el conjunto ni los perfiles de jugadores eran idóneos para ello. En el fútbol una cosa es la teoría y otra bien diferente, la práctica. El dinamismo del juego hacía que los laterales no consiguieran dotar de la amplitud necesaria en la mayoría de acciones. Así mismo, tampoco llegaban para cerrar defensivamente de una manera consistente en los repliegues defensivos y quedaban en tierra de nadie. El propio fútbol se encarga siempre de testear en vivo todas las situaciones. Ver secuencias:

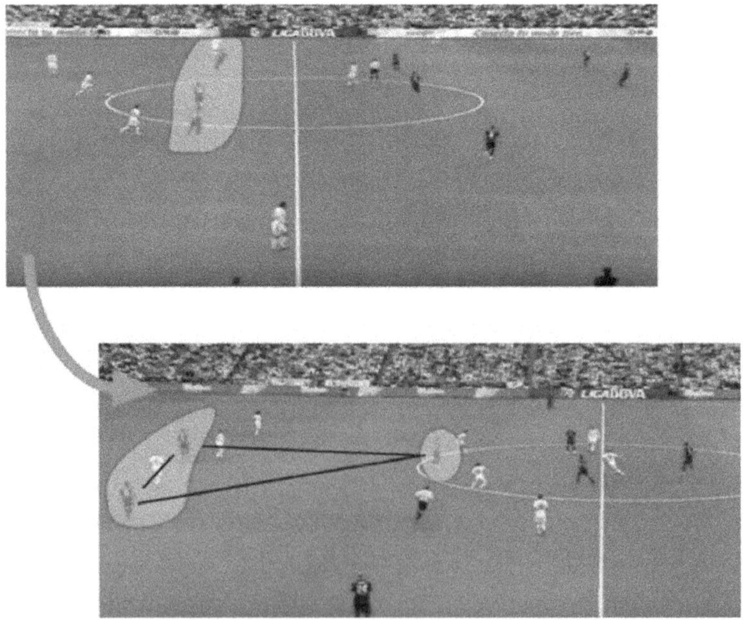

Real Madrid – FC Barcelona 25/10/14. Secuencias del posicionamiento del tridente. Jugadores de banda (Luis Suárez y Neymar) en posición centrada. Posición táctica del tridente en el minuto 18: en triángulo, acumulación interior

Estos solo conseguían llegar a las zonas de campo anchas en ataque posicional asentado pero justo aquí se encontraban así mismo dos limitaciones. La primera de ellas es menor, en mi opinión, y es que el rival había tenido tiempo de replegarse, ordenarse y asentarse en zona defensiva. La segunda, la principal: con los extremos adentro, las zonas de ataque contaban con demasiados efectivos para el espacio disponible. Esta limitación de espacio condicionaba cualquier demarque de ruptura de los elementos del tridente. Y otro aspecto muy importante, la propia disposición de jugadores desactivaba una de las vías más productivas que existen en el fútbol: el pase entre el lateral y el central.

Secuencias Real Sociedad – FC Barcelona (05/01/15). Laterales no pueden ofrecer amplitud (insuficiencia temporal). No hay espacio para el pase lateral-central

En el fútbol hay muchos de procesos que se explican en el método de prueba y error. Y al final todo pasa inevitablemente por ello, aunque se debe hacer realizar con criterio. Cualquier propuesta tiene la posibilidad de acabar erróneamente, pero sí es indispensable que nazca de una prueba razonada. Después del golpe de Anoeta, la primera intentona para el encaje del tridente acaba de manera equivocada.

EL ECOSISTEMA DEL TRIDENTE

El 11 de enero del 2015 nace un nuevo ecosistema para el tridente. Es un hábitat en el que se destaca la posición de Leo Messi ladeado a la banda derecha. Los tres cracks azulgranas se reparten las zonas y las tareas de manera triangular. Sin embargo, quien marca la pauta es el 10 azulgrana.

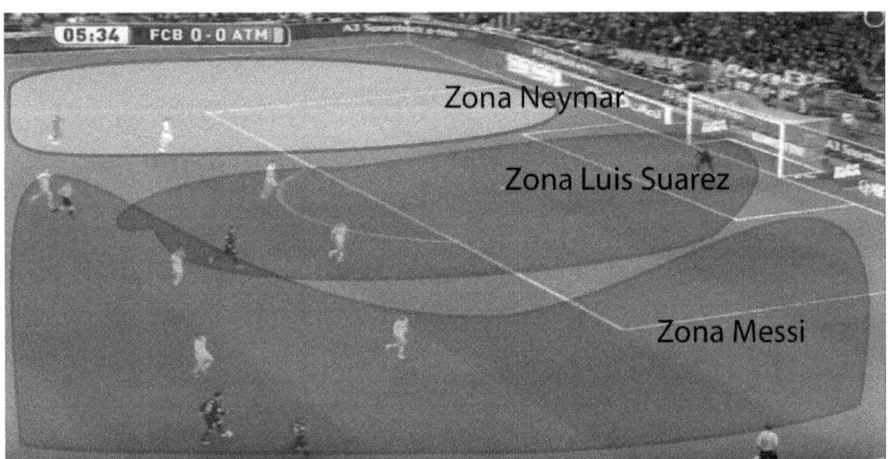

FC Barcelona - Atlético de Madrid (11/01/15). El nuevo ecosistema del tridente. El nuevo ecosistema de Messi

Es conocido que la semana posterior al revés de San Sebastián, además de todas las repercusiones mencionadas anteriormente, provocó así mismo una reunión entre los pesos pesados del vestuario, el entrenador y los máximos responsables del club. En ella se trataron algunos temas de gestión interna y, sobre todo, de ámbito futbolístico. Ciertamente la situación presentó varias incógnitas y cierta tensión. El encuentro no provocó que los futbolistas impusieran la idea total de juego, pero sí unos pocos aspectos que entendían indispensables para revertir la situación. Cuentan que el papel de Xavi Hernández volvió a ser decisivo, esta vez fuera del campo, intercediendo en la irritación futbolística de Leo Messi. Y es que no hay mejor persona para hacerlo que un compañero con ascendencia sobre él.

"Tuve que vivir bastantes situaciones como la mencionada en mis años como capitán. Obviamente todos los jugadores asumen la superioridad del entrenador por encima de ellos y les confieren la parte de respeto que esto conlleva. Pero aunque pueda parecer una afirmación demasiado categórica, a quien más caso hace un futbolista es a un compañero por el que siente reconocimiento. Porque sabe que lo hace desde la igualdad de mirada y porque el vínculo del día a día le dota esa dosis de complicidad inigualable.

Recuerdo uno de los primeros entrenamientos en una pretemporada. Un lance del juego originó una discusión con un jugador con el que ya había convivido la temporada anterior. En realidad, la jugada sólo fue el desencadenante. Lo notaba diferente durante esas pocas semanas iniciales y su actitud no sumaba para el grupo. Su comportamiento venía siendo demasiado desinteresado y, en los partidos reducidos, se había empleado con excesiva dureza con algún compañero nuevo. Lo conocía muy bien como para saber a ciencia cierta que esa actitud no era normal en él. Sentí que ese era el momento propicio y me enzarcé en una notoria discusión con él, ahí justo delante de todos. Arrojé todo lo que pensaba y todo lo que no estaba haciendo bien. Yo era un jugador con mucho más bagaje y además, el capitán, así que él sentía por mí un respeto especial. Sabía que sólo un toque de atención proveniente de mi persona y en un escenario que le comprometiera sería efectivo. Solo así un carácter fuerte y competitivo como el suyo reaccionaría. Fue como lanzarle una afrenta delante de todos para hacer evidente que había percibido esos cambios y que necesitábamos de nuevo los valores que el jugador normalmente transmitía. Fue como un reto público hecho evidente ante todo el grupo. Tanto es así que el segundo entrenador me llegó a preguntar si quizá no sería contraproducente. Yo respondí que no. Que un capitán tiene que estar atento a todos los detalles, guardarlo en la memoria y utilizarlos de manera adecuada. Podía haberle hecho de una manera sosegada en privado, pero lo conocía tan bien que sabía que ésta era la tecla a tocar. Su cambio fue fantástico y de una manera inmediata. Lejos de provocar cierto recelo, ese capítulo fortaleció la relación respeto-complicidad entre ambos y aportó una porción de cohesión al grupo importante. Todos y cada uno de los componentes de aquella plantilla comprendieron que todos necesitábamos de todos y que nadie estaba exento de contribuir desde el fútbol, pero también desde el ejemplo en la actitud. Él mismo me admitió que el hecho le hizo reaccionar al instante y que, ni mucho menos, le dolió. Era de carácter fuerte. Al tiempo me lo agradeció".

El cambio de prisma del 10

La principal característica del nuevo hábitat es, sin duda, la posición de Leo Messi. El astro ya no parte del eje central, sino que lo hace ladeado en la derecha. Es una pequeña involución o una especie de regreso a los orígenes. Han pasado nada menos que seis años desde que éste era su ámbito de actuación regular y, obviamente, se trata de un futbolista muy diferente.

Si su posición no era ya nada sujeta a banda, ahora lo es mucho menos. La derecha es únicamente un punto de partida o, incluso yo diría, un punto de encuentro con el balón. Aprecio nítidamente que sus movimientos tácticos van destinados a simplemente recibir el esférico. Dada su evolución como jugador y testeadas ya las ventajas que concede el juego entre líneas, Lionel Messi no siente que esta sea la franja ideal de posicionamiento, pero sí le otorga más claridad en las vías de conexión con él. Y eso es mucho para él. Aquí las imágenes comparativas de sus mapas de calor en las dos etapas previas de la evolución en las que encuadro su camino futbolístico (Messi 3.0 y Messi 4.0 en comparación a Messi 5.0). Las imágenes grafican recuperadas de sus zonas de acción.

Real Madrid - FC Barcelona, Champions 27/04/11
Mapa de calor Leo Messi

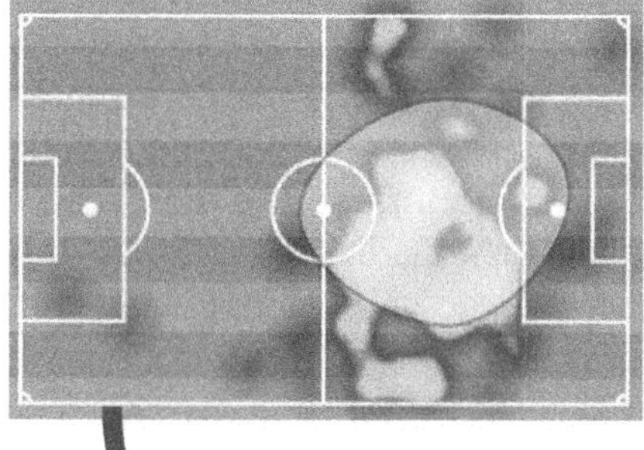

FC Barcelona - Atlético de Madrid 17/05/14
Mapa de calor Leo Messi

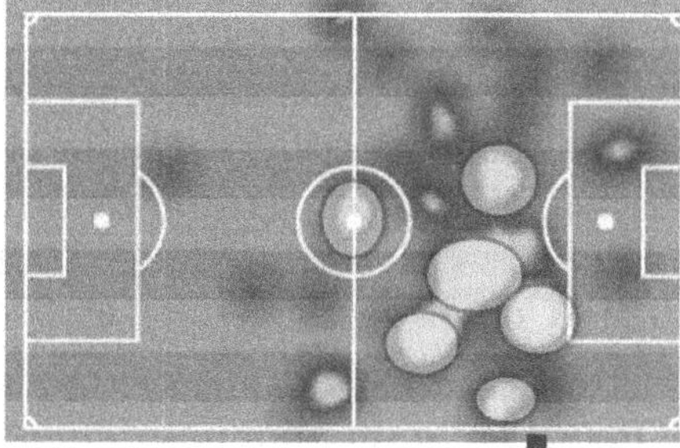

FC Barcelona - Atlético de Madrid 11/01/15
Mapa de calor Leo Messi

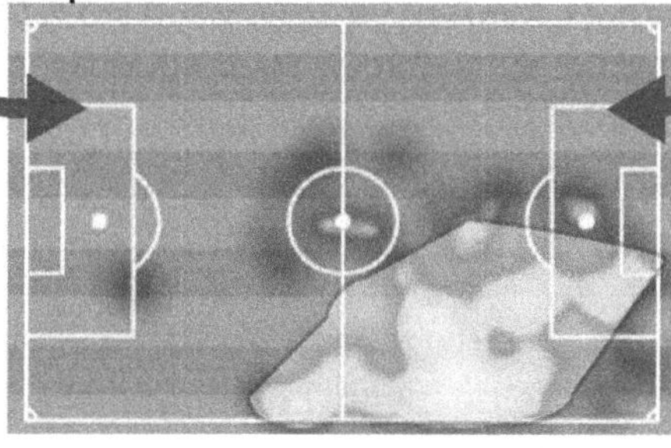

De alguna manera y salvando las grandes distancias, insisto en que viví un cierto paralelismo a este contexto. Messi expande su posición de manera global y es difícil e irreal encasillarlo en una demarcación pura. Aun así, si alguna posición creo que lo define es la de mediapunta. Y aquí es donde me transporta a las sensaciones que experimenté. La auténtica obsesión de un mediapunta es la de recibir el balón en zona de tres cuartos. Para mí, esta era la primera de las obsesiones u objetivos cuando afrontaba los encuentros. No me importaba que éste me llegará en mejores o peores condiciones, simplemente que pudiera recibirlo al pie para empezar la creación en la fase final. Los jugadores que tenemos la responsabilidad de capitanear la parte creativa del equipo estamos acostumbrados a recibir vigilancias muy concienciadas. El mayor problema que siempre sentí en el césped fue el de contrarrestar las atenciones del rival y entrar en juego. A partir de ahí, el resto era secundario porque así mismo percibía la sensación de que todo fluiría. Teóricamente, el punto fuerte de los jugadores que representamos este perfil es la generación de fútbol a partir de unas condiciones mínimas de peligro.

Recuerdo perfectamente que, cuando mi ubicación era entre líneas, exploraba la banda cuando tenía problemas para recibir por adentro. Me situaba de doble delantero centro para inmediatamente después intentar aprovechar yo mismo el espacio creado. La cuestión era salir de zona para intentar arañar metros, segundos y espacios a la marca o marcas. Por eso, cuando posteriormente ocupé la posición de extremo a pierna cambiada, esta primera obsesión del mediapunta se me atenuaba de una manera muy importante. Todas las 'jugadas imaginadas' en la visualización de partido tenían en la recepción holgada en banda su factor común".

Pues bien y situándonos de nuevo en el caso del 10 azulgrana, estoy convencido de que él experimenta unas impresiones muy similares. Acostumbrado en los últimos meses a hallar serias dificultades para la recepción entre líneas medias, la ubicación en banda le concede una porción de aire fresco impagable en la acogida del balón.

Messi ante una línea rival

Indudablemente cada variación táctica de piezas conlleva a reacciones simultáneas en el terreno de juego. En mi opinión, el hecho más resaltable y más positivo desde la óptica Barça es que son muchos los instantes en los que Leo Messi recibe ante un marco oponente más propicio para él. Ya en la primera experiencia ante el Atlético de Madrid aprecio este detalle claramente. No es habitual que en los primeros partidos, donde se aplican variaciones tácticas, aparezcan a la luz conclusiones tácticas tan evidentes. Esta vez se producen de manera casi inmediata.

Leo Messi vs. el asentamiento defensivo, en FC Barcelona – Atlético de Madrid (11/01/15)

Seguramente no es la preferida por el jugador, pero sí la más productiva en este instante para Leo Messi. No solo repercute positivamente a la hora de tener espacios y evitar los procesos de jaula que los rivales han construido últimamente, sino que provoca la ventaja descrita. Y sinceramente creo que esta es la mejoría. La de más valor tanto para él como, en derivación, para el F.C. Barcelona.

Aparece una nueva figura: el compensador

Más allá de la posición de Messi, la otra base del cambio de piezas dentro de la estructura es la aparición de un nuevo componente: el compensador. Esta nueva figura está representada por un protagonista claro: Ivan Rakitic. De alguna forma también este matiz está estrechamente relacionado con la relación tridente-Messi. Es una apuesta por la cual se sacrifica una de las piezas del equipo para que otro flanco del campo tenga libertad necesaria para crear y originar sin ningún retén. Rakitic sale al campo con la misión de compaginar un juego sencillo y práctico, con el objetivo de facilitar y compensar el global del conjunto para que el tridente y, especialmente Messi, pueda expandir su fútbol y su posición por todas las zonas del campo.

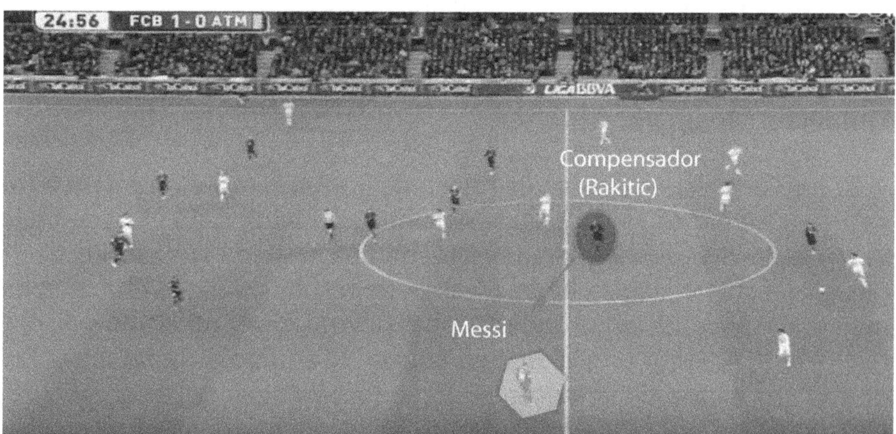

Este nuevo rol del jugador croata se basa en tener la llave del equilibrio total. En el fútbol moderno es muy habitual que, al menos uno de los jugadores del once, sea el que tenga mayor cuota de responsabilidad en mantener la armonía. El caso que ocupa a Ivan Rakitic es distinto. Su encargo todavía es mayor, ya que debe influir en el equilibrio de las dos fases del juego. Sus compensaciones han de promover tanto una buena disposición para el ataque como un buen aposento defensivo. En su debut como compensador ante el Atlético de Madrid tiene un ojo puesto siempre en el 10 azulgrana y es un hecho que va claramente en aumento con el paso de los partidos y los meses.

Universo Messi vs. tridente

El nuevo encaje da esta vez resultado y el inevitable prueba y error sale muy bien. Leo Messi pasa a encontrar un hábitat en el que puede volver a ser decisivo. El Barça encadena una serie de 11 victorias de 12 posibles. Esta secuencia híper positiva de resultados hace que, el 8 de marzo, después de 16 jornadas y de vencer al Rayo Vallecano por 6-1, recupere el liderato provisional en la Liga. El equipo alcanza velocidad de crucero a base de la mecanización de movimientos. Todos ellos dependiendo del encaje del tridente con Messi. La buena sintonía no solo es futbolística, sino a todos los niveles. Este hecho es importante en cualquier grupo de personas que tienen un objetivo y ello se traslada al césped. Indudablemente quien marca la pauta es Leo Messi con el primer movimiento. La repartición de zonas es evidente e interiorizada. La gran dinámica de resultados también va acompañada de un gran juego durante los meses posteriores. Eso sí, la concepción de la jugada ya no es tan pausada y pasa a ser más directa, añadido un nuevo ingrediente clave: las transiciones.

Ahora ya sí todos los componentes del equipo sienten que se ha encontrado la tecla. Este fantástico aposento global consigue su punto álgido basado en lo que creo que son tres patas principales:

1. Encaje equipo-tridente.
2. Encaje Messi-banda derecha.
3. Encaje Messi-tridente.

Encaje equipo-tridente: El F.C. Barcelona se convierte en un conjunto construido y definido por el tridente. Esta era la concepción inicial para el éxito, ya que todos los caminos para lograr un buen rendimiento colectivo pasaban indispensablemente por la mejor versión de cada una de las piezas de este triángulo. Pero el resto del equipo acepta, comprende esta nueva situación. No es fácil tratándose de jugadores que lo han ganado todo y que están acostumbrados a ser así mismos referencias en el engranaje azulgrana. Asumen, digieren y mecanizan. Dejan campo libre a la creación, a la potencia y a la brutal efectividad del tridente. Solamente este factor ya dice mucho de la personalidad y de la inteligencia futbolística de jugadores como Xavi Hernández, Andrés Iniesta, Sergio Busquets o Ivan Rakitic. El equipo pasa a abrirse más y a alargarse entre líneas. Precisamente esta grandeza en la lectura global hace que el medio del campo tense la cuerda hasta el punto preciso para que la armonía no se rompa. En este sentido, encuentro una jugada que define exactamente tanto este punto en concreto como el que trasladaré en el apartado posterior: es la secuencia del primer gol del F.C. Barcelona ante el Valencia el 18 de abril del 2015.

Enlace rápido con el tridente.
Inicio de la transición

Universo del tridente, Messi marca con 1er. movimiento

Cruce para crear espacio.
Inicio de la finalización

Finalización

Distancia entre líneas mayor, pero suficiente como para que el conjunto sea consistente. El equipo da rienda suelta ofensiva a los tres futbolistas de la parte de arriba y éste le acompaña en su justa medida como para que el conjunto sea equitativo.

Encaje Messi-banda derecha: La siguiente columna sobre la que se basa este nuevo ecosistema viene marcada por la relación de Leo Messi con sus cohabitantes de banda. Los principales acompañantes del astro argentino son tres: Dani Alves, Ivan Rakitic y Xavi Hernández. Cada uno de ellos le otorga alguna cosa concreta. Distingo especialmente importante la relación con Dani Alves. La alta complicidad entre el 10 azulgrana y el lateral brasileño mantiene a Messi en el flanco derecho en multitud de ocasiones. Hay una jugada que se repite entre uno y otro prácticamente desde que habitan en la misma banda. Consiste en una deliberada repetición de pases con el objetivo de atraer al rival para actuar justo después. Esa cobra mayor importancia aún en este nuevo ecosistema y, a mi modo de ver, es fundamental para que Messi encuentre el equilibrio perfecto entre situarse en un costado y explorar el medio del campo entre líneas.

Video correspondiente a las imágenes de la página siguiente.

Complicidad Dani Alves - Leo Messi. FC Barcelona - Getafe 28/04/15

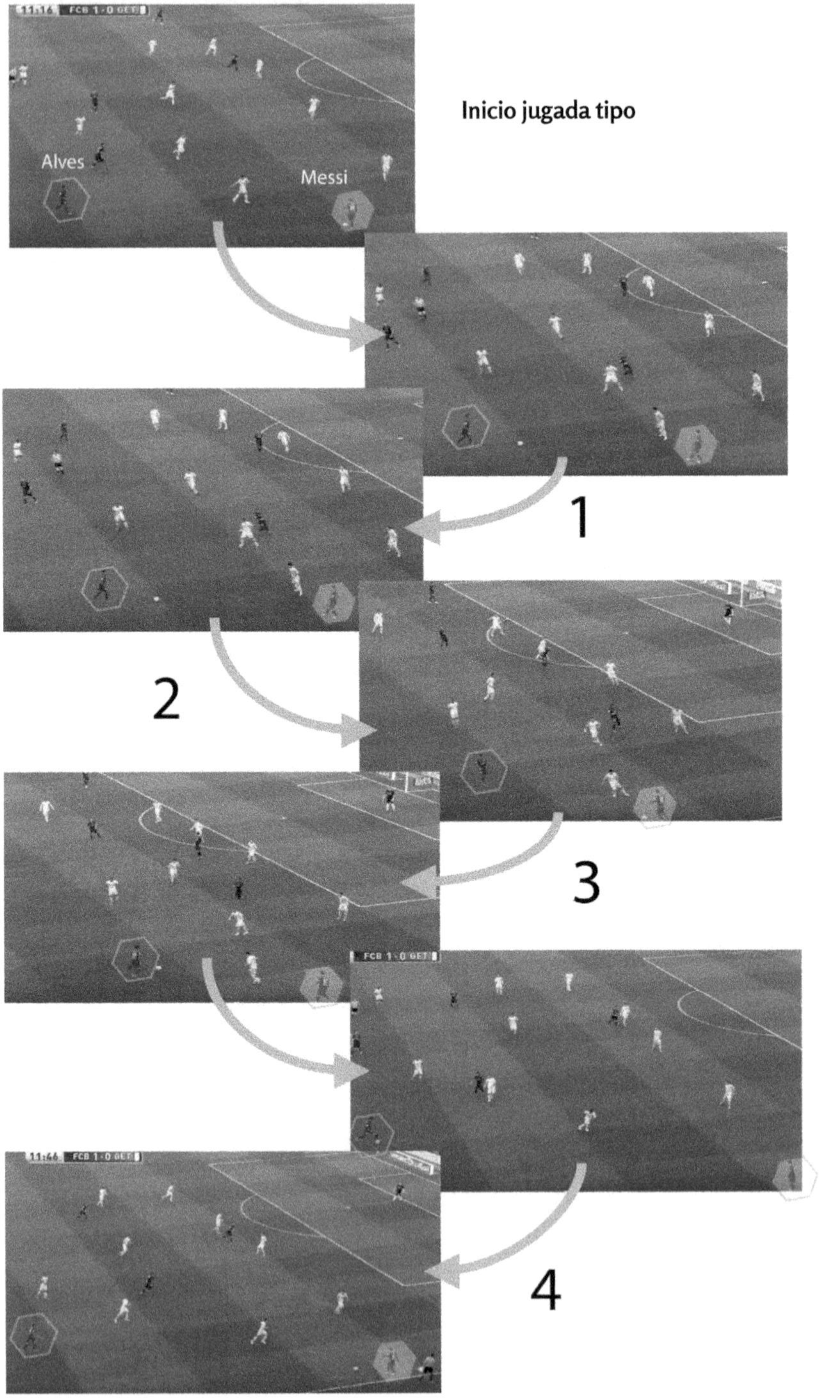

Alves

Messi

Inicio jugada tipo

1

2

3

4

Con Xavi Hernández encuentra un descanso seguro. El mediocampista catalán interpreta como nadie los momentos de pausa. Para mi forma de ver el fútbol, el mejor lector de los tiempos de un partido de la historia. Y creo que también Leo Messi comparte esta opinión. Cuando el astro argentino necesita instantes de descanso activo, el elegido para recibir el balón es él. Sabe que estará a salvo con Xavi. Pero no sólo es eso. También sabe que éste no irá muy lejos y que, más tarde o más temprano, el esférico volverá a sus pies. Un interlocutor fiel a su estilo. Hablan el mismo lenguaje y su química es infinita. Y aunque con el paso del tiempo y de los partidos el papel de Xavi Hernández se centra a momentos concretos, a todo ello hay que añadirle la ascendencia futbolística que tiene. Existen muy pocos casos en los que se aprecie ese punto de admiración de Messi hacia algún compañero dentro del verde. Uno de esos pocos elegidos es, sin duda, Xavi Hernández. Una pieza que ya formaba parte del engranaje global cuando el 10 azulgrana rompió la barrera del primer equipo. Un futbolista irrepetible que representa como nadie más la misma idea de fútbol y que habla el mismo idioma que Leo Messi.

Existe una tercera pata que sostiene el encaje de Messi con su banda. Un elemento del que ya he hablado por su importancia. Un fijo que tiene los minutos de calidad que Xavi Hernández, poco a poco, ha perdido. Un jugador con tan solo unos pocos meses, se convierte en capital. No solo es decisivo para el hábitat del astro argentino, sino que da la sensación que su jerarquía va en aumento. Se trata del completísimo Ivan Rakitic. El compensador indivisible que el nuevo ecosistema requiere y el compañero impagable que Leo Messi apremia justo en su costado.

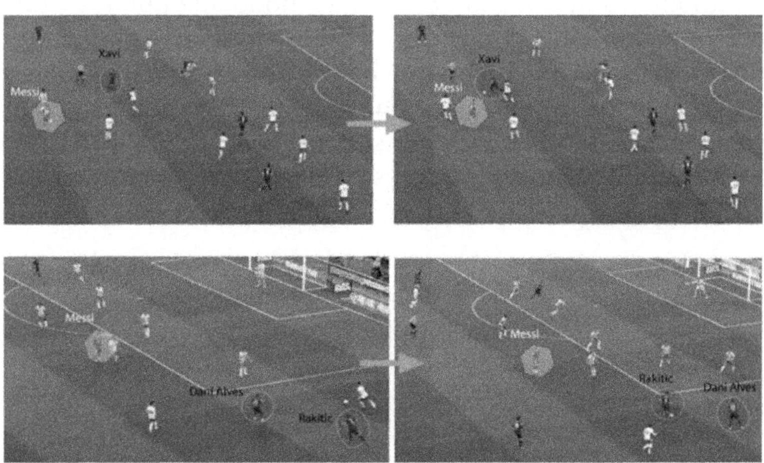

Encaje Messi, banda derecha en FC Barcelona - Almería (08/04/15)

Encaje Messi-tridente: La pared maestra sobre la que se aposenta este edificio ya sólido y asentado. Logrados y establecidos los dos encajes anteriores, el que representa el tridente es, obviamente, determinante. El éxito del encaje entre el mejor futbolista del mundo y dos jugadores espectaculares es el éxito del conjunto. El liderazgo futbolístico de Leo Messi sobre el ente que forman y la sana subordinación de dos aliados: la potencia de Luis Suárez y Neymar encumbran al equipo a una versión competitiva prácticamente insuperable. El logro de esta buena sintonía está basado en una fórmula compuesta de dos elementos:

1. Una distribución de tareas enfocada a las fortalezas de cada uno de los tres jugadores.
2. Leo Messi actúa como solista de la orquesta.

La transición como nuevo ingrediente

El F.C. Barcelona define su nuevo submundo instaurando marcadamente el cuerpo fuerte en la parte delantera del equipo. Con ello también aparece un nuevo ingrediente: las transiciones ofensivas. Este apartado no es más que explotar los espacios que el oponente deja en su estructura justo después de perder el balón. Esta es la definición más comprensiva de ella, aunque hay que tener en cuenta que así mismo depende de algunos factores como el tiempo de realización, los momentos del juego, el número de elementos que el poseedor del esférico tiene por delante o la voluntad del equipo en realizarlas. Trataré con detalle este factor futbolístico más adelante, pero es indudable que los azulgranas pasan a implantar en las transiciones ofensivas otro recurso ofensivo. Y lo aplica en el modo preciso en que hay que hacerlo en el fútbol: de una manera combinada. Se mantiene únicamente como un recurso añadido y no como una costumbre. Y es Messi quien concretamente casi siempre tutela esta decisión, indicando con su movimiento, su pase o su cambio de velocidad.

UniCredit
MasterCard
Neymar
Messi
Luis Suarez

MasterCard
Neymar
Messi
Luis Suarez

NISSAN
Neymar
Luis Suarez

El F.C. Barcelona incrementa su capacidad para ser imprevisible con estas apariciones. No solo suma recursos, sino que multiplica exponencialmente sus fortalezas por lo que esta práctica deriva. Los rivales no saben cómo plantear los encuentros ante el equipo de Luis Enrique, ya que cualquiera de las elecciones es deficitaria para ellos. Si la decisión pasa por el repliegue intensivo, la calidad del Barça acaba por agrietar el sistema de una manera continuada. Si la apuesta es la presión alta, los azulgranas acaban por destrozar el resultado de la mano de las transiciones ofensivas con el tridente.

EL TRIDENTE COMO ENTE PROPIO

Más allá de los encajes particulares del conjunto y el acoplamiento del mejor futbolista del mundo con cada uno de estos tres ámbitos de actuación, se hace esencial tratar con profundidad la figura del tridente como ente propio en el relato de la presente versión Messi 5.0. Dado el impacto que este cuerpo futbolístico tiene en el equipo donde habita esta versión del astro argentino, creo indispensable tratar cada una de las piezas por separado, ya que cada elemento desarrolla un rol preciso.

Luis Suárez

Habiendo demostrado una solvencia más que sobrada antes de su llegada al F.C. Barcelona, la adaptación de Luis Suárez se produce de una manera paulatina aunque meteórica. Quema todas las etapas lógicas hasta que rápidamente alcanza un rol muy específico. Después de su inactividad, los inicios posicionales son cambiantes. El nuevo ecosistema lo sitúa como 9 y se halla muy cómodo en él. Empieza a ofrecer muchas cosas al equipo y su idilio con el gol hace dudar a los más amantes de las estadísticas. Como era de prever, situados a comienzos de marzo del 2015, estalla también en el aspecto goleador y ya se convierte en una pieza fundamental del conjunto azulgrana. Agrega gol a todo el resto de cosas que aporta, porque Luis Suárez es mucho más que gol en el nuevo ecosistema:

1. Presión a la primera línea rival

La presión del jugador uruguayo en la salida de la defensa oponente es realmente brutal. Y no solo en la salida de balón, sino también en continuidad de juego e, incluso, en las segundas jugadas que éstas puedan generar. Nunca los defensores rivales pueden estar cómodos. Nunca pueden bajar la guardia. Se trata de un futbolista incansable para las ayudas defensivas. Son contados los casos en la historia de este deporte en que un delantero centro de tal magnitud y calidad, aúne así mismo tanto trabajo.

Hace años que el F.C. Barcelona no goza de ese *punch* defensivo en su primer hombre y este hecho se transforma en trascendental para el buen rendimiento del equipo. Básicamente son dos aspectos principales los que aporta su hambre defensivo. La primera de ellas es que facilita enormemente el trabajo tanto a mediocampistas como a defensas. En el peor de los casos, las jugadas llegan masticadas y mucho más receptivas para una recuperación de los defensores azulgranas. La otra ventaja es que favorece sustancialmente la recuperación post-pérdida. Los primeros instantes después de la desposesión son básicos en esta maniobra y contar con una primera pieza tan eficaz en la reducción de espacio como Luis Suárez le otorga al conjunto azulgrana un aumento de prestaciones.

2. Abre espacios

Sus movimientos arrastran defensas y abren zonas para Messi, Neymar o los jugadores de segunda línea. Especialmente los números de Messi mejoran con su presencia durante esta franja de temporada. Y la razón primordial no es otra que sus diagonales generosas para arrastrar mar-

cadores. El mérito más grande que creo que tiene Luis Suárez es que la inmensa mayoría de estos movimientos los realiza sabiendo que tiene un porcentaje muy bajo de acabar recibiendo el balón. Y aun así los realiza con la intensidad y la totalidad necesaria para que sean de óptimo aprovechamiento para sus compañeros.

3. Fija y desgasta a los centrales

En el fútbol es muy habitual utilizar la expresión fijar a los centrales. La frase se queda solo en eso, pero el significado no es tan sencillo. Para realmente conseguir fijar a la pareja oponente tiene que haber mucha dedicación. No es suficiente el ánimo o la intención. Requiere de muchos otros aspectos. Los movimientos tienen que ser los adecuados, con sentido táctico para remolcar y justo en el momento adecuado para crear el espacio. El uruguayo es uno de los pocos delanteros del mundo que lo logra. Ya en los pocos meses en el conjunto azulgrana se aprecia una maniobra muy común en él para obtenerlo. Se engancha al central de uno de los costados lo justo para atraer su atención, pero con el valor añadido de "no comerse" el espacio. Esto provoca que el defensor se quede con él a la marca y que no pueda ir a la ayuda dejando al extremo uno para uno. Luis Suárez lo repite una y otra vez reportándole al Barça un marco nuevo de opciones.

4. Estira a toda la retaguardia rival

Es un punto poco comentado y que, para mí, es quizá el movimiento táctico sin balón más importante en un delantero centro. Luis Suárez estira como nadie las defensas rivales. Y en la mayoría de ocasiones lo hace sin la ayuda de ningún otro compañero de delantera. Vive constantemente a la espalda de la línea defensiva contraria para forzar y, paulatinamente, extender. ¿Cuál es el resultado? Más zona para que los mediocampistas puedan recibir y más espacio para el juego entre líneas.

5. Ayuda en la estrategia en contra

Solo unos partidos antes de que aparezca el nuevo ecosistema en el que el tridente tiene la tutela del estado total del equipo, también se produce un movimiento de piezas en la defensa de la estrategia en contra. Luis Suárez pasa a ser el responsable de defender la 'corta' en una plaza que hasta entonces había ocupado Neymar. Significa una gran ayuda para el equipo, ya que por su personalidad se trata de un jugador mucho más activo y agresivo en estas acciones. La introducción del delantero uruguayo en esta faceta es un acierto y el Barça crece en solidez.

Fija, estira y mueve.
Línea defensiva rival

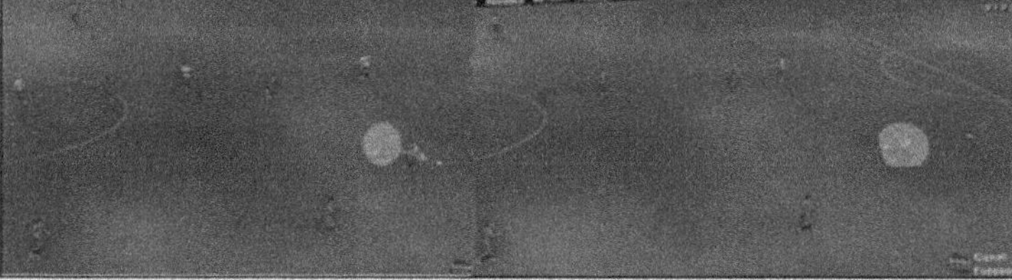

Gran 1^{era}. presión a defensas oponentes

Movimientos con gran sentido táctico.
Arrastrar marcas y generación de espacios

Estrategia defensiva.
Protege la "corta"

Neymar

El nuevo ecosistema también es positivo para el brasileño. Pasa a dar ese paso adelante que le sitúa solamente un peldaño por debajo del jugador potencial que se le intuye. Philippe Coutinho, uno de sus amigos de la infancia y compañero de selección, comenta de él: "El entendimiento con Neymar es muy fácil. De lo que se trata es de hacerle llegar el balón, porque es aquel tipo de jugador que tiene el don de saber marcar las diferencias".

Después de una temporada y media con demasiada irregularidad, también encuentra un punto de equilibrio perfecto dentro del nuevo funcionamiento del conjunto. Interioriza su papel dentro del particular triunvirato que forma con Messi y Luis Suárez. Así mismo, capta rápidamente lo que el F.C. Barcelona requiere de él y el contexto de equipo sabe ubicarle justo en una función donde maximiza sus enormes cualidades. Como el resto del conjunto adquiere mecanismos de adaptación y se mueve cómodo. Adquiere con cierta celeridad una velocidad de crucero. ¿Cuáles son las bases de Neymar en este ecosistema?

1. Posición táctica

No cabe duda de que el jugador brasileño está capacitado para ocupar todas las posiciones de ataque de un equipo pero, por la razón que sea, no había emergido con continuidad en él. El nuevo diseño le aporta una zona ideal para explotar sus habilidades más resaltables. Dado el engranaje ofensivo azulgrana, el papel de Neymar ha tenido que adaptarse constantemente a este panorama. Ya no es aquel jugador que arrastraba la inercia de vivir totalmente al margen de cualquier táctica en el Santos de su país. Quizá es la pieza del tridente al que le cuesta un poco más comprender los cambios propuestos por Luis Enrique. Aun así, este proceso es relativamente rápido. Corridos pocos encuentros de aquel F.C. Barcelona-Atlético de Madrid que supuso el pistoletazo de salida al ecosistema, ya exponía su mejor versión. Finalmente entiende el entorno de un engranaje ofensivo tan potente como complicado. Halla sus áreas de fortaleza en el flanco izquierdo puramente. Hace de esa zona su hábitat de desarrollo y el equipo comprende que ese es el territorio a administrar. En esa zona concentra y encumbra todas sus virtudes cada vez que sus compañeros enlazan con él. A diferencia de lo que realiza en la selección, el crack brasileño tiene la parcela de actuación muy definida en la versión azulgrana. Obviamente el contexto es diferente y está altamente influido por el potencial descomunal que representa cada una de las piezas del ataque del F.C. Barcelona. El indudable magnetismo de Leo Messi y la alta solvencia en su zona de Luis Suárez llevan a que Luis Enrique lo sitúe en la izquierda. El *click* definitivo para él y uno de los aspectos decisivos para que el citado ecosistema permita tal buen encaje entre el propio tridente es cuando asume que el equipo necesita que haga el balance y el desborde por el flanco izquierdo. Se sitúa casi siempre abierto para recibir al pie, ensanchar el campo y afrontar la jugada. Su naturaleza futbolística le obliga a no olvidar aventuras interiores pero son ocasionales. El equipo le concede este aspecto a cambio que mayoritariamente ponga su fantástico talento a disposición del equipo siendo decisivo por la izquierda.

Neymar, abierto en banda, el brasileño y sus apariciones interiores

Neymar se muestra abierto, después va hacia el centro

2. Mayor participación en el juego

Aunque pueda parecer paradójico no lo es. Su incidencia en el juego de equipo es mucho mayor a pesar de estar sensiblemente más ladeado. El buen funcionamiento del nuevo ecosistema equilibra bastante las participaciones en modo genérico. Si bien es cierto que el flanco derecho tiene más protagonismo en la creación de los pies de Messi, precisamente este hecho provoca que muchos de sus pases desemboquen en el lado opuesto buscando al brasileño. Así pues, Neymar sale favorecido en ello.

3. Profundidad

Adquiere y mejora en el mismo instante en que comprende la necesidad de su aportación más profunda. Con un Leo Messi viniendo a recibir desde fuera y un Luis Suárez más enfocado en los movimientos para desgastar, fijar y golear, el F.C. Barcelona requiere de la versión más profunda de Neymar. Me atrevería a decir que se erige en indispensable, no hay espacio para otro elemento que explore persistentemente el centro. El equipo precisa un brillo incontrolable, un relámpago para las espaldas oponentes. En definitiva, una amenaza para que las defensas contrincantes no puedan avanzar juntas hacia adelante. Solo así los defensores priorizarán sus reversos a su frente. Y para que la amenaza sea futbolísticamente efectiva y constante tiene que ser real. ¿Cómo se convierte en real? Muy sencillo de explicar y muy difícil de realizarlo: superando a tus rivales y haciéndoles daño en las aventuras individuales. El brasileño es para ello quizá el mejor jugador del mundo. Que esta sea una fortaleza muy marcada favorece a que él mismo se dé cuenta de que tiene que aportar este rol concreto al conjunto y que es realmente magnífico atacando espacios libres.

4. Desequilibrio

Un componente que indudablemente Neymar ha tenido siempre es su grandísima capacidad para afrontar y ganar los uno para uno contra sus marcas. En mi opinión, el jugador con más desborde individual puro de los últimos años en el fútbol moderno. Es el único que puede discutirle a Leo Messi el reinado en este aspecto concreto del juego. El brasileño es quien mejor y más asiduamente emplea el regate puro para superar a sus rivales. Es un don que tiene y que siempre ha estado presente en él. A priori, el razonamiento tendería a sugerir que este es un aspecto que no ha variado con el diseño propuesto, pero sí lo ha hecho. Y también ha salido reforzado. Que habite más ladeado la mayoría de minutos implica que sean multitud las ocasiones en que Neymar pueda tener un desafío individual definitivo contra su marcador. El brasileño percibe que, manteniéndose ahí, cada vez que los compañeros realizan una circulación rápida desde banda contraria o desde el centro, aparece el escenario descrito. Y eso en el brasileño es significa éxito en el total de las oportunidades. El brasileño domina y ama esta faceta futbolística, y el Barça se enriquece enormemente contando con él en el flanco más desequilibrante del encaje global encontrado y ya asumido.

Neymar desborda por adentro

Pieza B Tridente
Neymar en el nuevo ecosistema

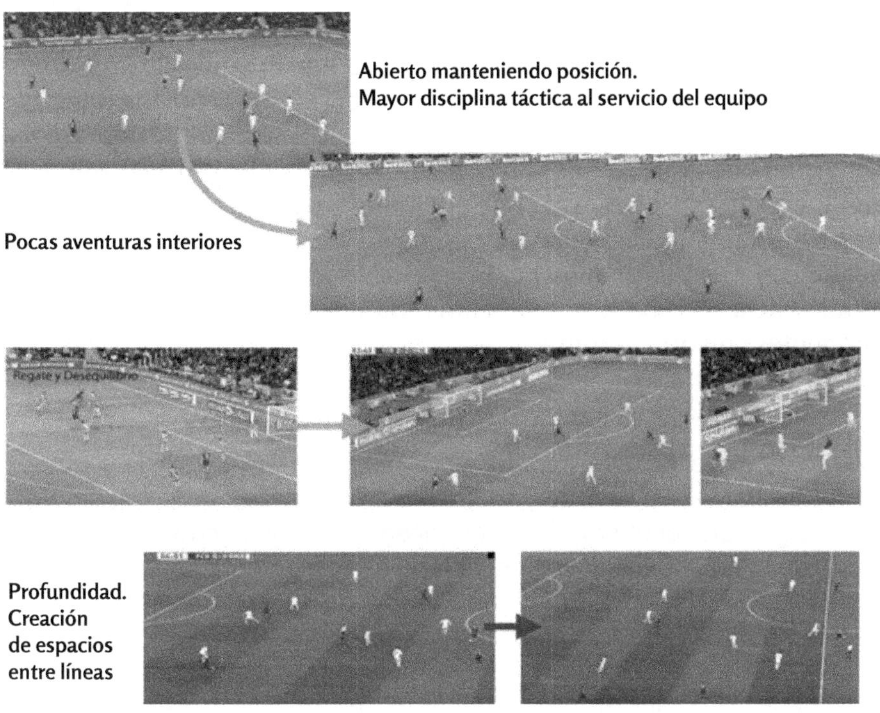

MESSI EN EL NUEVO HÁBITAT

Cuando un equipo tiene al mejor jugador del mundo, lo lógico es alcanzar un contexto donde este pueda explotar todas sus facultades. Y el tridente es la piedra angular del éxito de Messi y del nuevo ecosistema. Luis Enrique propone un marco sin muchas diferencias sensibles al anterior, pero con matices importantes. Leo Messi es el eje del equipo: el jugador que ocupa este libro es quien marca la pauta. Es el que deriva todas las miradas y quien sella tanto el entorno propio del Barça como el de los contrincantes. Él personaliza el cambio más sustancial y que acaba por definir el nuevo hábitat planteado. Estos son los puntos en la medida que Messi define el nuevo ecosistema:

1. Punto de partida en banda

Esta nueva biósfera tiene en el cambio de situación inicial de Leo Messi la principal variante. Los planteamientos en jaula de los oponentes y la limitación de recursos del equipo para localizarle en tres cuartos son los grandes causantes de esta permutación. El punto de inflexión se da a principio de año. Todo gran cambio necesita su propio Big Bang y así es como nace también. Después de la convulsa semana posterior a San Sebastián y de las reuniones internas descritas en el inicio del capítulo, el F.C. Barcelona sorprende el 11 de enero del 2015 con la visita del Atlético de Madrid al feudo azulgrana. Aparece un Messi considerablemente ladeado como extremo derecho. El 10 vuelve al área, donde ya había habitado hacía años para ampliar la mirada y desajustar nuevamente a los oponentes con otro enfoque.

2. Distrae con la banda para aparecer en el medio

Este es el hecho que percibo de una manera más rápida y notoria. No solo aparece en una perspectiva diferente desde derecha, sino que es evidente que él mismo lo quiere acentuar. Hay muchos instantes del juego en los que permanece en su lado sensiblemente abierto como un extremo puro. Práctica poco habitual desde su ascensión futbolística. Nunca había estado tan apartado de la jugada. Aun así y, a pesar de lo que pueda parecer racional, sigue siendo protagonista. Es como si el plan pase por saber en todo momento en qué rincón estará Leo para conectar con él. Y es, así mismo, evidente que el astro argentino lanza un nuevo mensaje a todos sus rivales. Con su posicionamiento radical quiere transmitir algo así como: "Si queréis encontrarme, tendréis que cambiar vuestros mecanismos existentes. Si pretendéis taparme, deberéis tapar toda una banda. Tendréis que elegir porque si os desestructuráis por la zona media, atacaré por ahí. Será una guerra táctica que ya no será tan desmesurada para mí. Ahora deberéis estar perfectos en la elección defensiva".

3. Equilibrio perfecto entre zonas

Cohabita dos zonas y varias tangentes del terreno de juego. Esa es su voluntad y ésta es su nueva fortaleza a buscar. Tal novedad implantada por primera vez ante un rival tan exigente quizá le otorgue un punto más de exageración en la ubicación de banda. Lo realiza de una manera tan eficaz y puntual que solo un genio de la lectura rápida como él puede llevarlo a cabo tan lucidamente. Con esta praxis, deshabilita mecanismos defensivos y activa una gran vía de perforación de estructuras defensivas

muy poderosa: la desconcentración grupal. El hecho de tener que hacer decidir constantemente al rival y la responsabilidad de estar pendiente de qué zona decidirá atacar el mejor futbolista del mundo, obliga a desfocalizar la atención de todo un engranaje defensivo total. Ya no es posible que el oponente se mueva como grupo y mucho menos que mantenga una distancia entre líneas escrupulosa.

4. Messi como solista del tridente (marca el primer movimiento)

Todo este dispositivo se sustenta en él como solista. Indudablemente se trata del jugador más determinante del mundo y cualquier estrategia debe estar a su expectativa indispensablemente. Para explicar por qué él marca el primer movimiento y por qué debe ser así en el fútbol, me remonto a uno de mis momentos como jugador.

"Mis últimos años como futbolista coincidí con Pedro Dólera, un joven entrenador por aquel entonces. Tanto él como su segundo, Dani Contreras, eran muy buenos desde el punto de vista táctico. Como jugador siempre conservas conceptos en la retentiva y este es uno de los que recuerdo de él. En una de las primeras charlas sobre qué movimientos ofensivos le gustaban, transmitió precisamente este concepto: 'El inicio de la jugada siempre tiene que venir marcado por alguien. Siempre tiene que existir un primer desplazamiento que desencadene el resto de la jugada de ataque. Una señal, una identificación. En nuestro caso, lo mejor es que esta función la realice el mediapunta de la banda por la que el central o el lateral decidan detener la circulación para pasar a la acción. En función del movimiento que este mediapunta decida, el resto de compañeros tendremos que saber qué hacer y dónde acudir. Es nuestra mejor ventaja respecto al equipo contrincante. Ellos tendrán mecanizados sus movimientos pero sólo nosotros sabremos dónde irá el balón. Eso nos concederá unos pocos segundos de ventaja y esa será nuestra baza'".

Pues bien, si ampliamos esto a su máxima expresión, eso es lo que significa Messi en el juego del Barça. En función de su movimiento, el mecanismo general se desplaza en consecuencia. Y no únicamente en el plano ofensivo, sino que de sus elecciones en el plano defensivo también dependen los desplazamientos del resto de compañeros.

5. El cojín del lado opuesto

Messi encuentra en el lado opuesto su zona de evasión forzada. A los jugadores creativos nos va fabulosamente bien tener en el imaginario un pase o un apoyo de auxilio como recurso ante situaciones límite. Pese a tratarse de un elegido único para este deporte, se aprecia que también el astro argentino utiliza esta acción. Las fuertes presiones y las altas vigilancias del grupo de marcadores que le secundan le instan a tener en mente esta fuga. En el nuevo contexto, Lionel la adquiere rápidamente. Ya se detecta en él una consciente mecánica de pase al lado opuesto para la entrada en carrera de algún jugador azulgrana. En las antípodas de su banda derecha localiza su nuevo cojín de salida.

Messi en el nuevo ecosistema. Función "solista"

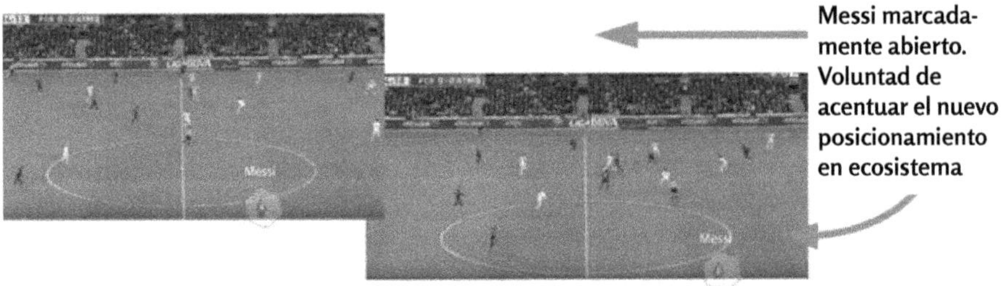
Messi
Messi
Messi marcadamente abierto. Voluntad de acentuar el nuevo posicionamiento en ecosistema

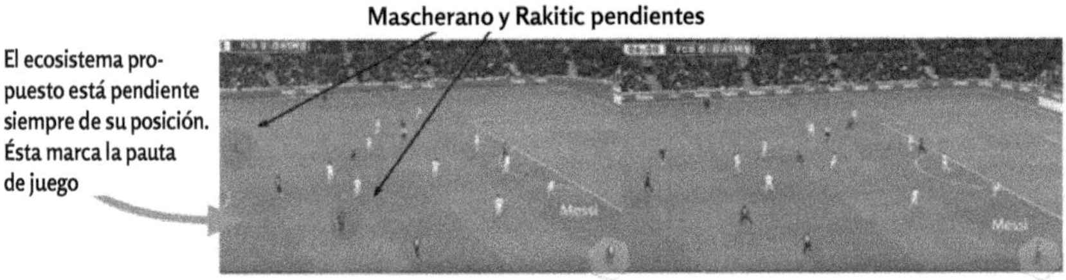
Mascherano y Rakitic pendientes
El ecosistema propuesto está pendiente siempre de su posición. Ésta marca la pauta de juego
Messi
Messi

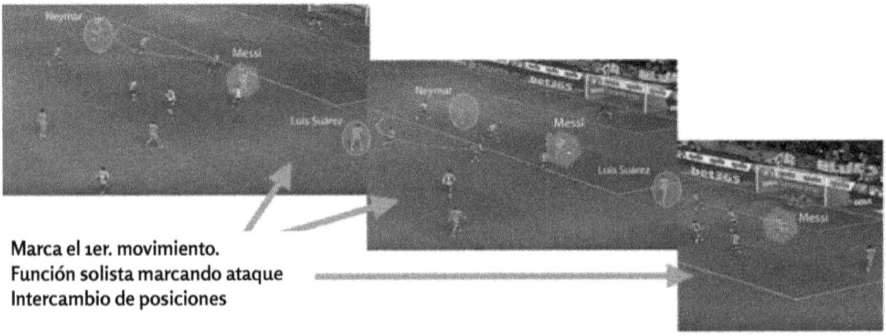
Neymar
Messi
Luis Suárez
Neymar
Messi
Luis Suárez
Messi
Marca el 1er. movimiento.
Función solista marcando ataque
Intercambio de posiciones

VELOCIDAD DE CRUCERO

El paso de las semanas descubre que el equipo halla la tecla adecuada para que todo fluya de una manera fantástica. La propuesta de Luis Enrique consensuada por los jugadores enriquece a todas las piezas del engranaje y, en consecuencia, al grupo. Como he mencionado anteriormente, acerca a todos los jugadores decisivos a sus mejores características propias. El conjunto actúa de una manera natural y asimila los mecanismos velozmente. Los oponentes se ven superados por una dinámica de juego que ya no es tan nueva y que se aposenta de una manera muy convincente por todos. El F.C. Barcelona se encuentra en una situación radicalmente contrapuesta a la de meses pretéritos: el equipo gana en imprevisibilidad que esta versión provoca y los contrincantes no atinan la fórmula para detener esta ganancia de opciones ofensivas.

El tono ofensivo gana en circulación, en clarividencia para las elecciones y en localización del juego. El Barça pasa a encontrar un equilibrio excelente entra la pausa y el vértigo de su tridente con Messi comandando los tiempos y las direcciones de ataque. Así mismo, el comportamiento defensivo alcanza su cumbre de la mano de dos aspectos fundamentales: una interpretación inmejorable de las prestaciones posicionales de la figura del compensador en el interior derecho y de una espléndida intensidad en la recuperación avanzada. El equipo pasa a recuperar el balón en campo oponente y eso conlleva una focalización del partido mucho más cerca de la portería rival que de la propia. En consecuencia, mayor ventaja para los azulgranas.

La prueba más exigente llega con la visita del poderoso Bayern de Munich, comandado por el ex técnico Pep Guardiola, al estadio azulgrana. Un auténtico privilegiado de la visión táctica de este deporte y un adelantado en las lecturas en pleno partido. A mi modo de entender el fútbol, sin duda, el entrenador con mayor capacidad en este aspecto. Además, nadie como él conoce las vicisitudes interiores de la mayoría de jugadores y, por supuesto, de Leo Messi. Obsesionado con la posesión de balón, los alemanes dibujan un 3-5-2 que adelanta la presión sobre el Barça. De nuevo, Guardiola utiliza la pizarra para introducir un instrumento innovador e intentar poner en serios problemas al sólido equipo de Luis Enrique. El objetivo buscado por el equipo alemán es realmente fructífero en ciertas franjas del partido. El partido era de aquellos que enganchan la mirada a cualquier detalle. Una auténtica batalla futbolística de las que enamoran. Hasta que aparece él, el futbolista más determinante del mundo. Le lleva 45 minutos desgranar dónde y cuándo debe aparecer para desmontar el cobertizo táctico del Bayern de Munich. Justo

después de la reanudación y, tras realizar dos avisos previos con sendas jugadas con encanto, Leo Messi encuentra la tecla personal para recibir en la zona donde más le gusta. Recoge un balón recuperado por un impagable Dani Alves y suelta un latigazo mordido que supera Manuel Neuer. Es sólo el inicio del espectáculo, ya que pocos minutos después, el astro argentino construye una obra de arte para compartirla con todos. Encara a Jerome Boateng y, en unas décimas de segundo, recorta doblemente para dejar literalmente sentado al defensa y posteriormente perforar nuevamente la portería de los alemanes con una de sus gestos técnicos preferidos: ese toque delicioso con su pierna derecha. Un balón picado que supera la salida del meta alemán justo a la vez que el defensa del Bayern observa tal inconmensurable acción impotente desde el césped del Camp Nou. La imagen de Boateng fulminado por un la magia del 10 azulgrana queda para la historia.

Una obra de arte. FC Barcelona - Bayern 2-0 Messi

Con los lógicos momentos de alternativa en los dominios, el equipo supera a los alemanes de la mano de un Leo Messi descomunal. El argentino acaba con la resistencia de un Bayern y deja la eliminatoria muy de cara para los de Luis Enrique.

Mapa de calor Leo Messi
FC Barcelona - Bayern de Munich 06/05/2015

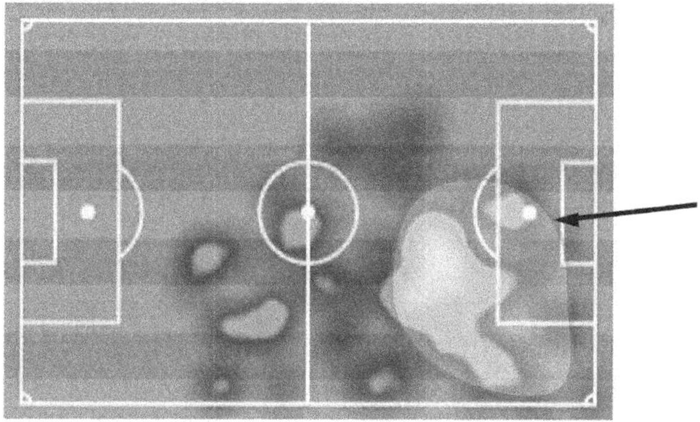

Remates Leo Messi
FC Barcelona - Bayern 06/05/2015

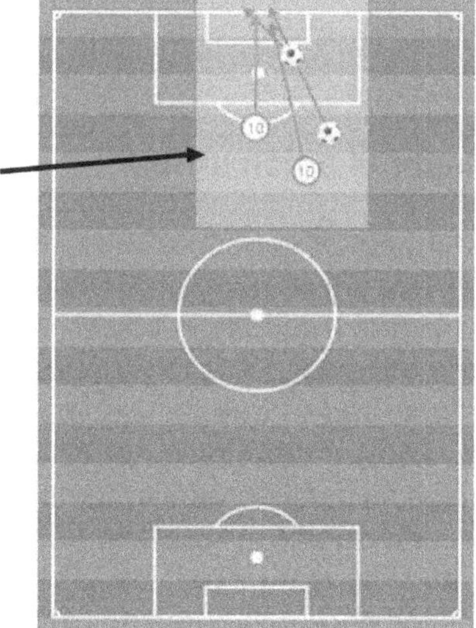

Remates Leo Messi
FC Barcelona - Bayern 06/05/2015

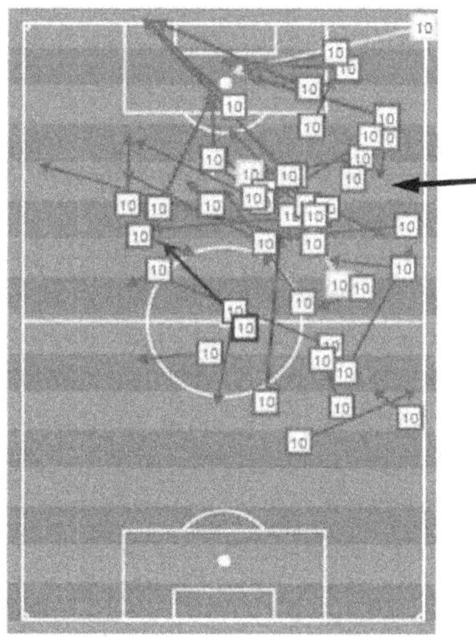

Gestión perfecta del binomio banda-centro (arriba).
Da en la clave de recepción cerca del área, remates cercanos y claros (izquierda).
Flanco derecho-centro (derecha)

Esta victoria no hace más que encumbrar a un equipo agarrado al Messi 5.0 y con una dosis de confianza elevada a la máxima expresión. El ecosistema adquiere una velocidad de crucero y Messi alcanza la perfección en esta versión aplicando el matiz. Un F.C. Barcelona imparable se corona el 6 de junio del 2015 en el histórico Wembley Stadium consiguiendo por segunda vez en su historia un triplete (Liga, Copa del Rey y Champions League). Se convierte en el primer club en la historia en repetir el principal triunvirato de títulos.

LA SOBREEXPOSICIÓN DEL ECOSISTEMA

La decadencia del modelo va apareciendo progresivamente en la parte final de la temporada 2015/16. Una vez más, esta degradación proviene de donde proceden todos los ocasos futbolísticos: en el propio modelo de éxito. Es tal la fortaleza del equipo en el aspecto ofensivo y es tal la potencia goleadora del tridente que el peso de este ha ganado un territorio excesivo. El F.C. Barcelona, ya de pleno en la temporada 2016/17, da síntomas claros de flaqueza futbolística y cae rápidamente en rendimiento de la mano del abandono de esta identidad. Estos son los principales aspectos en los que se explica esta pérdida de *punch*.

Objetivo desmesurado por hacer llegar el balón arriba

El secreto del buen funcionamiento del hábitat general que se construyó se basa en el balance de fuerza ofensiva del conjunto entre la pausa y la velocidad o, lo que es lo mismo, la imprevisibilidad desde el juego de velocidades. El equipo cae en la trampa del éxito. Se opta en demasía por la opción fácil de resolución. El brillante rédito que los azulgranas sacan en esta práctica a lo largo de este año y medio hace que sea un mecanismo venido a más. De tal forma que se trata de un elemento excesivo y asumido a día de hoy. En este deporte cuesta mucho adquirir los mecanismos pero se pierden rápidamente si se entra en vicios. Un módulo de equipo requiere de por lo menos los once jugadores de campo. Por el contrario, que una o dos piezas lo abandonen deja de tener efecto al instante. Por lo tanto, es una cuestión numérica.

"Recuerdo mi tercera temporada en el C.E. Europa (como ya he citado en anteriores ocasiones en este libro, un histórico de la Tercera División y fundador de la Primera División española). Estábamos realizando un año extraordinario. No sólo cosechábamos resultados extraordinarios, sino que estábamos haciendo un fútbol espléndido. Teníamos confianza, mecanismos y una importante dosis de talento. Presionábamos juntos y altos, circulábamos rápido y la movilidad general era muy elevada. Poco a poco el equipo fue bajando ligeramente en prestaciones. No sabíamos exactamente por qué, pero el hecho es que ya todo no fluía igual de bien. Son momentos en los que se hace dificilísimo detectar los errores y la velocidad de la competición te consume. Después de haber tocado el liderato con solvencia y merecimiento, esa pérdida de cánones no costó las eliminatorias directas de ascenso. Cuando los más jóvenes me preguntaban qué es lo que creía que había pasado yo contestaba: 'Perdimos los mecanismos que nos hacían fuertes y los hemos recuperado con la rapidez que el torneo pedía'".

Y una vivencia parecida es la que vierte al F.C. Barcelona en esa dinámica sin vuelta atrás. Ante cada decisión, la elección siempre localiza en la mirada hacia adelante la solución. Prácticamente no se mastican las jugadas de ataque. O no se mastican con la paciencia necesaria para el objetivo deseado. Las nuevas piezas no saben realizar otra cosa que no sea conectar rápido con el tridente.

El Barça ya no es aquel equipo balanceado de velocidades que mezcla pausa con vértigo y desestabiliza al rival ante cualquier ocasión. Sin prácticamente notarlo y, seguramente sin pretenderlo al cien por cien, el juego azulgrana pasa a tener como primer objetivo indiscutible llevar el balón lo más rápido posible al tridente. Eso lo naturaliza, lo debilita y desequilibra de una manera clave su juego.

Abuso del papel del compensador

El papel del comodín llega a un claro punto de rebasamiento. Nació para dotar de armonía el nuevo diseño propuesto por el técnico azulgrana entorno a Leo Messi. O lo que es lo mismo, para auxiliar las situaciones de desgaste posicional del 10 azulgrana. El descubrimiento es todo un éxito hasta que las prestaciones del compensador se incrementan ultrapasando el límite de lo sostenible. Tal papel es encarnado mayoritariamente por Ivan Rakitic aunque también es cierto que eventualmente jugadores menos habituales como André Gomes o Rafinha lo han padecido. Más allá de las lógicas, normales y asumidas coberturas en la posición de Messi, se abren nuevas vías de auxilio que cubrir y esta figura queda netamente radicalizada. El hecho de no contar con un lateral derecho puro en la plantilla provoca, poco a poco, que el compensador también tenga que estar atento a las ayudas en el uno para uno de su compañero colindante en la defensa. Con lo que añade otra obligación y éstas ya pasan a ser tres: compensar los movimientos de Messi haciendo el desplazamiento opuesto al argentino, cuidar la propia parcela y pro-

teger los uno para uno con el lateral derecho. Demasiado trabajo para cualquier futbolista por listo y potente que este sea. Este abuso hace que esta figura se diluya completamente entre anti movimientos y lecturas de juego sin descanso. El interior derecho queda anulado ofensivamente y en tierra de nadie en labores defensivas. Se pierde la capacidad de llegada que la posición lleva intrínseca y el buen posicionamiento para un hecho tan importante, repetido en este libro, como es la presión de recuperación instantánea. El compensador ya no desarrolla la función para la que nació, sino que revienta producto de un claro abuso futbolístico. El conjunto azulgrana sale perdiendo tanto ofensiva como defensivamente y resta otra porción de imprevisibilidad.

Estos son los datos de la mencionada evolución de la figura del compensador:

Mapa de posiciones medias
Atlhetic de Bilbao - FC Barcelona 2016/17

Rakitic

Mapa de posiciones medias
FC Barcelona - Valencia 2016/17

Mapa de posiciones medias
FC Barcelona - Leganes 2016/17

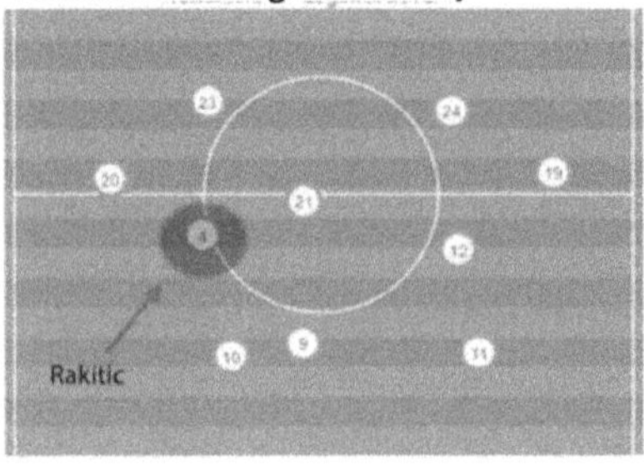

Mapa de posiciones medias
FC Barcelona - Athletic de Bilbao 2016/17

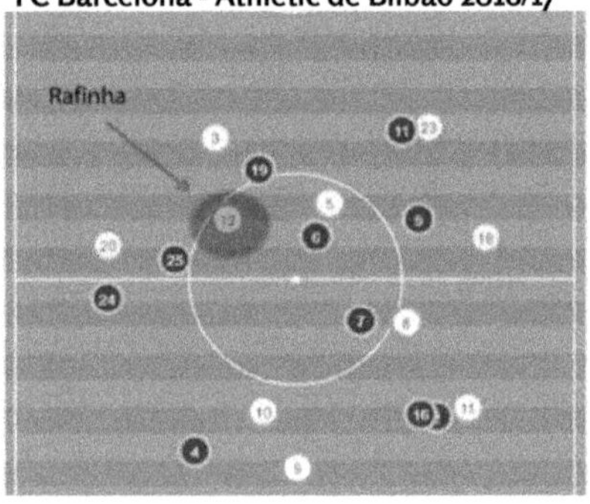

Abuso de la figura del "compensador"

Transiciones por encima del juego (juego sin pausa)

Ya el conjunto muestra un vuelco evidente en este ámbito de las transiciones. Lo que empezó como un componente más, que confería riqueza e imprevisibilidad al juego global, es una praxis continua. No se negocia ninguna transición y cada una de ellas se salda efectuando un pase (generalmente al espacio) a una de las piezas del tridente. Esto genera en demasiadas ocasiones una especie de locura que, si tenemos en cuenta el balance global, siempre acaba por perjudicar al Barça. Los azulgranas siempre son y serán superiores en calidad y en el fútbol a cualquier rival. Pero lo son mucho más desde el control que desde un ida y vuelta prolongado. Un exceso de rapidez en el intercambio de dominio acaba por igualar más las fuerzas. Disminuye la diferencia de calidad y provoca otros daños colaterales futbolísticos. En definitiva, eso es perjudicial para los de Luis Enrique.

La primera repercusión es que aleja a un hombre clave como Sergio Busquets del epicentro del juego, con todo lo que eso supone. Por otro lado, se pierde por completo el concepto de negación de pase, realmente vital a mi entender. La negación de pase no es otra cosa que no acceder a todos los desmarques hacia delante y posponer el avance. Se trata de un paréntesis encubierto en el fútbol. Un momento de aire, unos segundos para tener el balón y hacer recorrer metros y metros de basculaciones a los oponentes. Un volver a empezar desde atrás frente a un adelante innegociable. Con el mencionado Busquets alejado en demasía, esta maniobra únicamente recae en Andrés Iniesta. Se trata del único jugador con idea y con galones para denegar un pase a cualquier movimiento de las tres piezas del tridente. Estas excepciones en el ritmo se convierten en muy ocasionales con lo que el ritmo alto y los momentos de descontrol se convierten en un hecho habitual en la mayoría de partidos.

Ahogados en la salida (planteamientos rivales)

Relacionado con el punto anterior y, después de dos temporadas de sufrir este resolutivo ecosistema azulgrana, parece que los rivales encuentran la tecla de desactivación. Lo hacen por medio de dos viñas diferenciadas pero igualmente productivas.

La primera tendencia de actuación de las estrategias rivales pasa por el repliegue intensivo en el tercio del campo. Los planteamientos se basan fundamentalmente en acumular muchos efectivos en una zona reducida del campo para transformar el encuentro en una partida de cartas con superioridades propias. Este modelo de planteamiento asume que el F.C. Barcelona llevará el esférico a su tridente ofensivo con cierta facilidad para emplear todas las fuerzas y atención en desactivar esta última parte del campo. Estos se sitúan en dos líneas que acumulan hasta nueve jugadores, ya sea en un 4-5-1 o en un 5-4-1. Otro factor buscado es el de "conceder" bandas y hacerse fuerte en el cuerpo central del campo. Los contrincantes buscan defender una franja aproximada de 25 o 30 metros cuadrados con diez jugadores. Así pues, en el mejor de los casos, el horizonte deja un 6 vs. 10 con pocos espacios y ello dificulta enormemente la fluidez de los azulgranas. En tal paradigma, el Barça tiene altas complicaciones a no ser que aproveche la primera de las ocasiones que se le plantea.

La otra gran corriente en que se le cuestiona el diseño del Barça es la radicalmente opuesta. Cada vez son más los equipos que optan por plasmar una presión alta dificultando que los azulgranas acedan siquiera a sobrepasar la línea del medio del campo. El argumento a buscar por el rival aquí es nítido: que el equipo no pueda llevar el balón al tridente y, en especial, a Messi. Así mismo, intentar recuperar en zonas avanzadas para posteriormente realizar un ataque rápido. En este sentido, el Celta de Vigo de Berizzo o el Athletic de Bilbao de Valverde son los equipos que mejor lo implantan y desmaquillan por completo al Barça.

El equipo es víctima de no saber sobreponerse a estas dos tácticas y queda enormemente lastrado en juego y en confianza. Tanto es así que el 11 de abril del 2017, en el que probablemente es el partido que marca el punto de inflexión más negativo del curso, la Juventus de Turín (un equipo que tampoco se caracteriza por una acentuada presión arriba) deja literalmente fuera de la Champions League en gran parte utilizando esta doble arma.

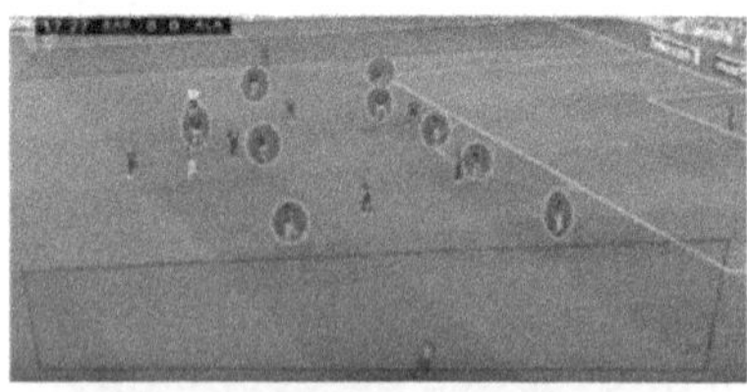

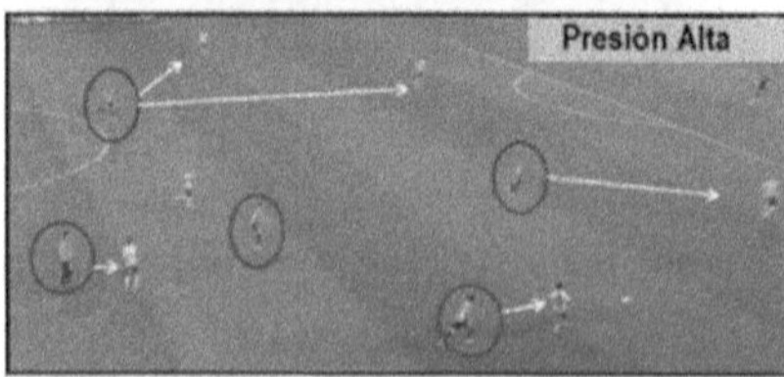

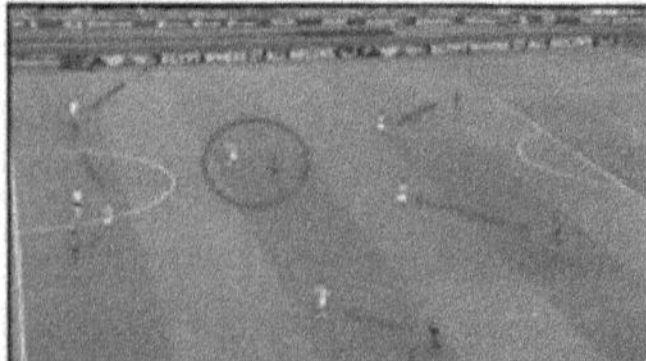

A – Repliegue intensivo: Desafíos defensivos individuales
B – Presiones altas: Desafíos defensivos individuales

Ataque desequilibrado

El papel del compensador ya no llega a abrir el campo por derecha en muchas ocasiones y un lateral reconvertido como Sergi Roberto tampoco llega a realizar la función del dos por uno. En el otro hemisferio, Neymar continúa en la plenitud de su rol en banda para desequilibrar. La explota y se siente en un entorno propicio. Halla en Jordi Alba una complicidad perfecta. Todo esto provoca que los ataques del F.C. Barcelona tengan la misma de dirección de origen y final. Estos son los datos progresivos de las tres temporadas exactamente en el mismo partido y donde se aprecia esta tendencia.

F.C. Barcelona–Atlético de Madrid 2014/15
Banda derecha →42%.
Medio → 27%.
Banda izquierda → 32%.

F.C. Barcelona–Atlético de Madrid 2015/16
Banda derecha →43%.
Medio → 21%.
Banda izquierda → 37%.

F.C. Barcelona–Atlético de Madrid 2016/17
Banda derecha →28%.
Medio → 30%.
Banda izquierda → 41%.

Rendimiento de la segunda línea

Así mismo, el rendimiento de los recambios de la plantilla se impregnan de la inestabilidad futbolística y no demuestran una solvencia que pueda ayudar al equipo. La dinámica global no acompaña. Las prisas para atacar y el desorden para retener ataques provoca que no se generen vías alternativas de sostén. Con lo cual, el equipo se aferra a sus recursos individuales.

Irregularidad

El equipo pasa de ser solvente a irregular. Combina actuaciones fantásticas con partidos realmente malos. Repite errores y cae en una dinámica de inercias peligrosa.

El 14 de febrero del 2017 un F.C. Barcelona desdibujado absolutamente es atropellado por el París Saint Germain en el Parque de los Príncipes. El equipo encaja dos goles en el primer tiempo y no reacciona. Solamente una llegada de André Gomes después de una combinación correcta acaba en un chut tímido de este. En la segunda parte, la sensación de debilidad incluso va a más. Los azulgranas se parten en dos y el PSG aprovecha el exceso de espacios para agrietar todavía más las distancias. Un resultado inesperado (los franceses ganaron por 4-0) y altamente contundente deja al F.C. Barcelona con pie y tres cuartos fuera de Europa a las primeras de cambio.

Solamente unos días después, Luis Enrique cambia de dibujo táctico y apuesta por un 3-4-3 con aires enérgicamente ofensivos. El estreno es un feudo exigente como el Calderón y el Barça encadena una serie de victorias seguidas hasta que llega el día de la vuelta de Champions. Una misión imposible, un sueño. El Barça empieza de manera inmejorable y llega ponerse con un esperanzador 3-0 a su favor. De repente, Edison Cavani devuelve las cosas al plano racional y, cuando ya todo parecía perdido, los azulgranas se ponen 5-1 para afrontar la última jugada del partido. Una falta sobre Marc André Ter Stegen acaba en nada, pero la segunda jugada permite a un Sergi Roberto pletórico alcanzar un centro de Neymar para tocar la gloria. El equipo hace posible lo imposible y revierte una situación límite al ganar por cinco goles de diferencia.

Cubrí aquel partido para Barça TV en vivo y tengo aún guardada en la retina la euforia general. Fue una noche mágica y una prueba de superación de un equipo con un potencial brutal.

Solo pocos días más tarde, un Barça altamente desconcentrado es derrotado en La Coruña por el Deportivo, perdiendo unos puntos vitales para la Liga. Y nada más en el siguiente partido de Champions, el Barça repitió error y lanzó por la borda tal histórica remontada cediendo nuevamente un resultado demasiado contundente en Turín. Esta vez el 3-0 encajado fue demasiado para el equipo.

Por último, el 23 de abril del 2017 (precisamente en la festividad de Sant Jordi, patrón de Catalunya), el F.C. Barcelona asalta el Santiago Bernabéu con otro final antológico. En la última jugada del encuentro, una cabalgada de Sergi Roberto es culminada por Leo Messi con un disparo ajustado al palo y mantiene al equipo enganchado al título liguero.

La imagen del mejor jugador del mundo enseñando su camiseta con el 10 quedó para el recuerdo.

De poco serviría la exhibición. El conjunto azulgrana no consigue la Liga y la temporada se salda con el título de la Copa del Rey. Un bagaje demasiado justo para el potencial del conjunto. Así es el equipo. Capaz de lo imposible y de actuaciones realmente decepcionantes en un pocos días. Y esta irregularidad le pesa demasiado.

EL MESSI 5.0 PROTECTOR

Leo Messi nunca vive ajeno a los problemas estructurales. Llegados a este punto, los problemas del conjunto son evidentes y el 10 azulgrana hace lo que hemos visto varias veces durante su trayectoria: aplica matices en su juego y su posición. El argentino sigue en su versión 5.0, pero varía ciertos aspectos. Su implicación siempre ha sido enorme y nuevamente lo demuestra en el campo. Y en base a ello y a su brillante lectura del fútbol, su objetivo no es otro que maximizar aún en mayor medida su influencia para minimizar los problemas que cada vez más van deteriorando al F.C. Barcelona. Se erige como el protector del equipo. Como ya casi es imposible acceder a más partes del campo, el astro introduce pinceladas de velocidad.

Amplía su radio de actuación

Percibe los problemas del equipo y decide actuar. Amplía todavía más su radio de expansión. Cuando ve el desarrollo atascado, baja a dar luz al juego de los azulgranas. La versión es la misma, la intención es idéntica. Empieza los encuentros con el propósito de ser posicionalmente el Messi 5.0 original. Aquel que combina los momentos de banda con las apariciones internas y que mezcla las alturas de recepción de balón.

El Messi protector. Versión 5.0 (matices). Posicionamiento

Mapa de calor Messi
FC Barcelona - Atlético de Madrid 2014/15

Mapa de calor Messi
FC Barcelona - CF Valencia Copa 2016/16

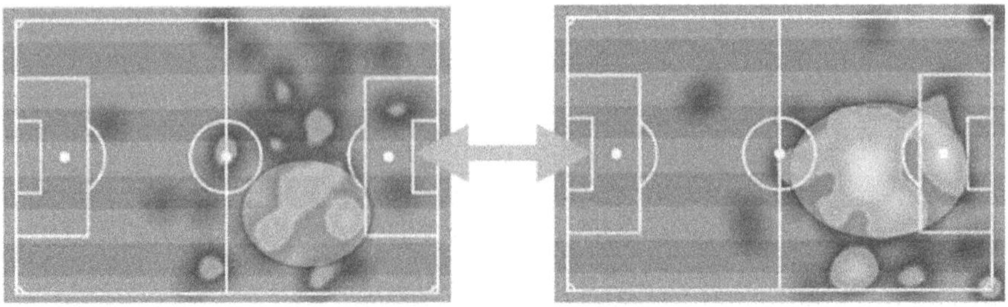

Percibe los problemas y actúa.
Matiza su posición ligeramente para intervenir más en la creación

Mapa de calor Messi
Real Madrid - FC Barcelona 2014/15

Mapa de calor Messi
Real Madrid - FC Barcelona 2016/17

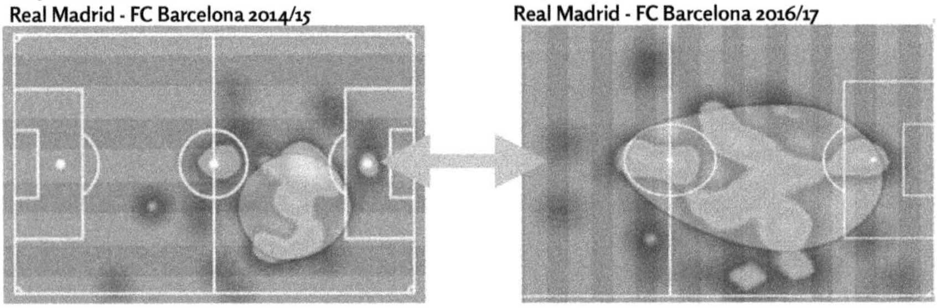

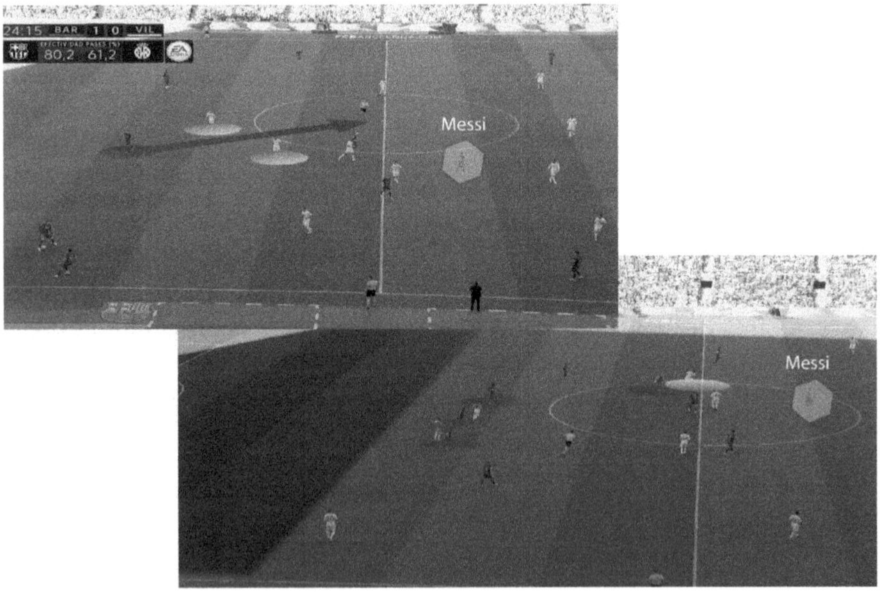

24:15 BAR 1 0 VIL
80,2 61,2
Messi

Messi

Secuencia del FC Barcelona - Villarreal 2016/17

Organiza y marca velocidades

Las carencias que el equipo muestra en la construcción y la organización arrastran a Leo Messi sensiblemente un poco más atrás en su zona de actividad principal. La inercia de vértigo en el juego va en claro detrimento de la organización. Lo observa y lo corrige cuando puede asaltar la zona en tiempo de construcción. Ayuda en la masticación de la jugada, abriendo a banda y buscando unas basculaciones ofensivas que parecen olvidadas como mecanismo grupal.

Así mismo es el encargado de transmitir las signos que buscan una permutación en el ritmo. Lo hace por medio del lenguaje corporal y la tipología de asociación. La señal es clara: pase atrás hacia el pivote, combinado con un trote medio del argentino significa seguir con la posesión. En estas circunstancias, la voluntad es apostar por la paciencia en la construcción. Por el contrario, un pase a Luis Suárez o a Neymar seguido de una arrancada potente de Lionel escenifica la señal que marca el momento de pasar a la acción y buscar portería rival.

Se acerca al medio para permitir que Busquets llegue

Su lectura futbolística es insuperable. Mi teoría es que le sale de adentro. Ha vivido tanto durante tantos años este tipo de juego y ha soportado tantos años el peso de ser líder que rebobina y ejecuta constantemente. Muestra un detalle sólo a su alcance. Una de las principales visiones que tiene cuando se descuelga atrás es que Sergio Busquets llegue a la situación de asentamiento. Conoce la idea y sabe que la presencia del canterano azulgrana cerca del juego permite muchas ventajas. De entrada, sitúa en la órbita de la jugada un jugador con su mismo idioma futbolístico. Otro aporte es el del apoyo de auxilio que siempre representa Busquets para la jugada. El propio Leo Messi utiliza muchísimas veces este sostén para buscar un nuevo enfoque al ataque posicional. Y por último, sitúa al mejor interpretador de la presión de balón en su sitio ideal. La protección que ofrece el mediocampista azulgrana al Barça le ayuda a atacar con mayor rango de confianza y con una red de seguridad que aumenta sustancialmente las probabilidades de una recuperación post pérdida. Esta secuencia del Clásico del 23/04/17 es perfecta para describirlo:

Leo Messi: Real Madrid - FC Barcelona 23/04/17. Permite que Busquets llegue al epicentro. Mecanismo básico

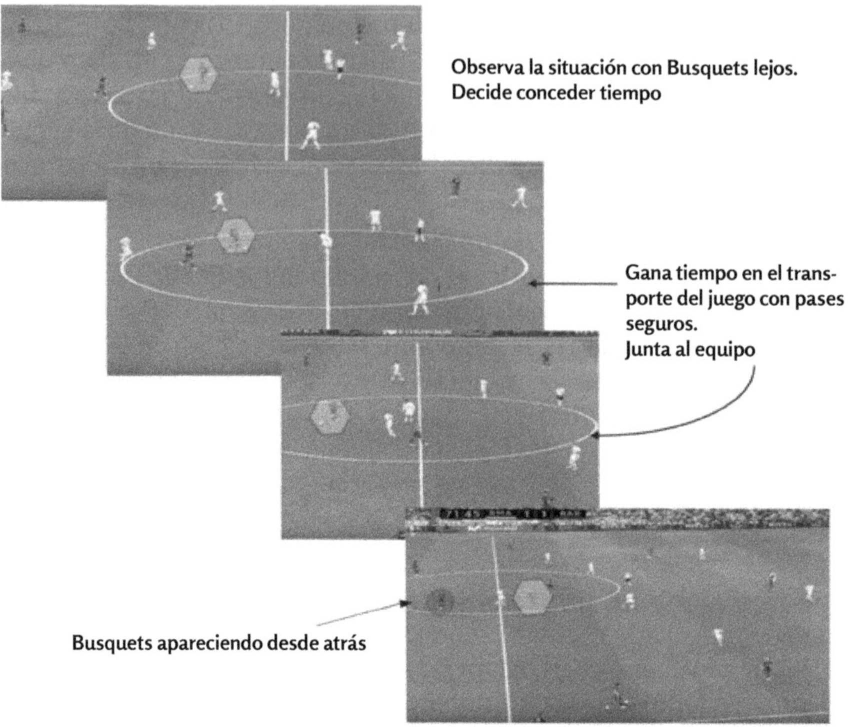

Sergio Busquets plenamente asentado cerca del juego

Cuando Sergio Busquets se encuentra listo, entonces Messi activa el juego en el último tercio de campo. Se ha convertido en un estratagema muy común en el 10 azulgrana. Modula el juego a la perfección para el Barça. Es un intérprete de fútbol inabordable. Y solo su gran influencia en el juego colectivo, a banda de las puntuales ocasiones en que le acompaña Andrés Iniesta, el F.C. Barcelona disimula su exceso de velocidad y le devuelve el don de ser reconocible.

Activa la banda opuesta

Otro de los ajustes es la manera en cómo moviliza la banda opuesta. En un equipo que, como cito anteriormente, se ve abocado en acabar los ataques por banda izquierda, Leo Messi tiene la capacidad para darle una vuelta más a ello con tal de convertirlo en un poco menos previsible. A parte de su conocida conexión con Jordi Alba subiendo en velocidad, pasa a conectar también con Neymar. Ya sea en profundidad en el pase entre defensores o al pie para acompañar al remate. Así mismo, el argentino utiliza siempre que puede los pasillos interiores para las llegadas de hombres en carrera. Insisto, siempre que puede, bien sea por velocidad de juego o por proteger las retaguardias de una posible salida fulminante del contrincante, el índice de llegadas baja de manera exponencial en referencia a las dos temporadas precedentes.

Recibe entre líneas y decide

La primera opción y la que busca de manera constante es la recepción interlineal. El objetivo número uno de Leo Messi es recibir entre líneas para poder girar y encarar sin desgaste previo. Para el resto del equipo también lo es. Pero realmente le cuesta según los escenarios. En los citados es cuando el 10 azulgrana detecta dificultades y se descuelga para organizar marcando ritmos. No es nada sencillo encontrarle y que pueda recepcionar. Obviamente las vigilancias en esta zona son profundamente activas. Las imágenes que adjunto a continuación son exactamente el pase y el acomodo deseado por Messi.

Se trata solo del primer paso hacia el ataque, pero el más importante. Cuando el 10 azulgrana consigue recibir y girar en tales zonas acostumbra a decidir. Sabe encarar y gestionar las aventuras en superioridad de balón de una manera casi infalible. En el fútbol es vital sentirse fuerte, confiado y en plenitud. El Messi 5.0 rebosa todos estos adjetivos. Y a

todo ello le ha añadido una virtud más: la experiencia. Ya se ha hecho a sí mismo un futbolista experto en todo tipo de situaciones. Rebobina y ejecuta constantemente. Es tal la costumbre de los últimos años de sentir marcajes y presión tan alta que convive con ello de una manera admirable. Disfruta y lo hace todavía más certero. Sabe que no tendrá muchas oportunidades de recibir y encarar con ventaja al arco oponente a lo largo de los partidos porque los contrincantes han trabajado toda la semana para evitarlo. Pero a pesar de esta presión, también siente que este F.C. Barcelona precisa necesariamente que él decida en los momentos decisivos. Y él siempre está. Es diferente al resto de futbolistas porque, todo lo que depende de él, lo acaba resolviendo. Messi siempre decide.

El argentino se encuentra en un estado futbolístico inigualable. Resultados de equipo a un lado, quizá es mucho decir, pero creo que la versión Messi 5.0 es la más completa que ha mostrado hasta el día de hoy.

Su zona de recepción preferida. Secuencia del FC Barcelona - Villarreal 2016/17

Observa y procesa

Acompaña la jugada sin hacerse ver para no alertar a las marcas oponentes

Cambia trayectoria y se dirige dónde sabe que llegará el balón. Complicidad con Jordi Alba

Nuevamente observa, procesa y ya distingue como acabará

Decide

Secuencia Gol (2-3, Messi) Real Madrid - FC Barcelona 23/04/17

adidas
10

CAPÍTULO 7

MESSI Y ARGENTINA

La relación Leo Messi-Argentina siempre ha sido una correlación ceñida entre amor-odio. Si bien es cierto que el país sabe que tiene al mejor jugador del mundo, nunca lo ha sentido cien por cien puro desde que de niño inició su aventura en Barcelona. Leo Messi siempre se ha sentido argentino. Incluso se movieron mares y montañas desde su entorno para que los responsables de las selecciones argentinas lo convocaran para un partido y evitar así que pudiese ser seleccionado por España. Actos como este tampoco han servido para que dicha relación haya sido plena. Es probable que sea porque el crack de Rosario no tiene una afición dentro del país que lo proteja. Quizá por ello o quizá no, pero es evidente que esta correspondencia es una auténtica montaña rusa.

La afición argentina percibe que Leo Messi no es el mismo con Argentina que el jugador que lidera al F.C. Barcelona. En la parte del jugador no se comprende que, a pesar de defender y mostrar su ilusión por llevar a la selección a lo más alto, siempre se ponga en reprobación su rendimiento. El nivel tan espectacular de lo que conlleva y muestra el jugador día tras día empujan a la comparación con Diego Armando Maradona como inevitable. Y eso le juega y siempre le ha jugado en contra. Para mí, un paralelismo con un alto contenido de injusticia. Ni los tiempos futbolísticos son los mismos, ni los contextos son idénticos.

Estas críticas incluso le han llegado a plantear el hecho de abandonar la selección argentina. Su ausencia en dos partidos de las Eliminatorias para el Mundial de Rusia 2018 fue una muestra de que ese enlace sigue transcurriendo en la inestabilidad. Pese a la defensa que ha tenido por parte de técnicos y compañeros, Leo Messi y Argentina no consiguen estabilizar la correspondencia. Entre los dos se desprende amor y amargura secuencialmente. Leo Messi es a partes iguales héroe que culpable. Amor-odio en estado puro.

Está clarísimo que es una parte vital de la trayectoria del jugador y que precisa de un análisis detallado al respecto. En este sentido y, ante el reto del próximo Mundial, me he detenido a analizar con detalles los pormenores tácticos de la sintonía.

TÁCTICAS PARALELAS CON EL F.C. BARCELONA

Los últimos técnicos en el combinado nacional argentino han buscado su contemporaneidad táctica con el diseño estructural del F.C. Barcelona. Los casos de Alejandro Sabella, primero, como de Gerardo Martino, después, son una prueba evidente. Así mismo, la etapa fugaz en la que Edgardo Bauza dirigió la selección también lo hizo en esta dirección.

Cabe resaltar que futbolísticamente, este es el punto de partida más sensato. La primera piedra más lógica para sentar todo el resto. Por la idiosincrasia temporal de este deporte, el día a día de los combinados nacionales no permite un trabajo sostenido detrás ni una continuidad muy prolongada en el tiempo. Hasta entrado el siglo XXI, en el fútbol de selecciones triunfaba el país que tenía un número de talento más elevado. Parecía que el funcionamiento de ellas era algo parecido a juntarse puntualmente y mostrar su fútbol. Sin mecanismos, sin una dirección uniforme. Simplemente fútbol sin más.

Este hecho explica, por ejemplo, el dominio inicial de Uruguay en los inicios de los mundiales o que el gran talento brasileño alcanzara tres coronas en sólo doce años (1958 a 1970). Sin ir más lejos, el gran nivel futbolístico de Argentina entre los 70 y 80 repercutió en dos emocionantes y celebradas copas.

Con la Francia de Aimé Jacquet de finales de los 90 ya se empieza a intuir un cambio de tendencia pero, sobre todo, es Luis Aragonés quien da un giro de tendencia clarísimo. Asumiendo la dificultad de dotar de mecanismos generalistas al equipo nacional, pasa a la táctica totalmente opuesta. Esgrimir los equipos fuertes para trasladar la idea a la selección. Así pues, maximiza la inercia ganadora de la idea global de un equipo en auge futbolístico como el F.C. Barcelona para transgredir. Aparta pesos pesados e históricos españoles como Raúl González, Michel Salgado, Santi Cañizares y entrega la dirección total a otra tipología de futbolis-

tas que representan Xavi Hernández, Andrés Iniesta, David Silva, Cesc Fábregas, Sergio Ramos o Carles Puyol, que vienen creciendo en una idea común basada en la asociación entorno al esférico y los apoyos cortos.

"Recuerdo la primera charla de contacto que tuve con un entrenador que empezaba una nueva etapa en el C.E. Europa. La situación pedía un cambio y el entrenador llegado tenía claro los movimientos que iba a hacer. La charla empezó con un: 'Quiero que seas quien lidere nuevamente esta etapa'. Y acto seguido transmitió todo el resto".

Tanto el juego como los resultados le dan la razón consiguiendo romper la mala racha del fútbol español con una Euro impoluta. El modelo tiene continuidad en Vicente Del Bosque, quien continúa y aumenta este concepto de juego. La selección española consigue un hito casi inigualable encadenando una serie Euro 2008-Mundial 2010-Euro 2012.

La Alemania contemporánea también está codiciando éxitos de la mano de la regularidad en el modelo de la formación y de la sinergia de dos equipos con futbolistas nacionales potentes como Bayern de Munich y Borussia Dortmund. El proyecto duradero de Joaquim Löw lo está interpretando a la perfección. No es casualidad que el fútbol alemán esté en una etapa dulce.

Así pues, tanto desde la perspectiva táctica como desde la óptica de rendimiento, la apuesta por repetir la disposición estructural que vive el jugador más determinante de Argentina y del mundo es notoriamente la más lógica a mi entender. Lo ha sido en el pasado como lo es actualmente.

MESSI EN EL DISEÑO SABELLA

Alejandro Sabella toma las riendas del combinado nacional en agosto del 2011. El ex jugador y ex ayudante durante años de Daniel Passarella deja cristalina la relación que quiere con Leo Messi nada más llegar. Su primera decisión es entregarle la capitanía de la selección.

Durante su camino hacia el Mundial, explora varios encajes y diferentes sistemas. Esta inestabilidad le acompaña durante gran parte de su trayectoria al frente del combinado. Ciertamente quizá es el primer entrenador que tiene que convivir con un foco atacante argentino muy potente y ello le plantea dudas. Al indudable liderazgo de Messi hay también que añadirle el nivel de otros cracks de referencia como Ángel Di María, el Kun Agüero, Gonzalo Higuaín, Ezequiel Lavezzi. Todos ellos en un buen momento de su carrera. Así pues, una de sus obsesiones es tratar de apiñar el máximo número posible de estos efectivos en cada puesta en escena. Eso le sitúa justo en medio entre su voluntad y la calidad individual.

Una estructura cambiante con Messi centrado

Es una época de dudas para el seleccionador. Se encuentra en un auténtico cruce de caminos entre la opinión pública, la creencia propia y el alto talento de los seleccionables. Y aunque realmente no es fácil ninguna decisión para el entrenador, parece sometido a titubeos constantes durante el proceso. Aunque mayoritariamente el camino de la clasificación está marcado por una especie de 4-3-3 situando a Di María entrando por detrás, también se aprecian partidos o tramos de los mismos donde el combinando plasma un 4-2-3-1. Dado el perfil ligeramente anárquico de los futbolistas, ninguno de los dos sistemas se evalúa de forma nítida y son ajustados posicionalmente por los jugadores.

En un contexto sutilmente voluble, la posición del líder indiscutible es inamovible. Messi se encuentra centrado y liberado. El objetivo no es otro que aproximar el entorno al que el de Rosario vive diariamente en su club.

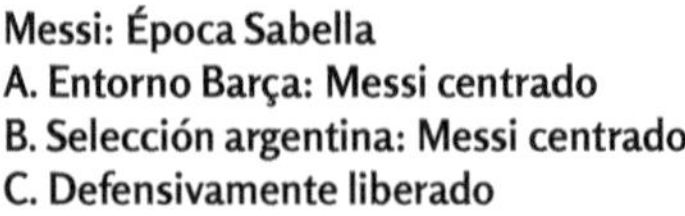
Messi: Época Sabella
A. Entorno Barça: Messi centrado
B. Selección argentina: Messi centrado
C. Defensivamente liberado

Durante la fase clasificatoria, Argentina tiene el punto de inflexión evidente en su duelo como local ante Uruguay. La albiceleste es muy superior y se coloca como líder de las eliminatorias. Messi es de nuevo decisivo con dos goles, uno de los cuales de absoluta genialidad. Y a pesar de que el contexto no se aproxima mucho al del F.C. Barcelona en cuanto a concepción del juego, sí da un alto rendimiento. De igual forma, el resto del colectivo parece ganar en confianza y Sabella tira así hasta la cita mundialista de Brasil.

La cita mundialista 2014

La relación Messi y Argentina se encuentra en un momento romántico. La simbiosis de la selección no es del todo buena, pero el astro de Rosario se encarga, una y otra vez, de subsanar los problemas estructurales globales. Este equipo argentino no juega bien, pero en cada partido muestra la estampa del mejor jugador del mundo desgarrando las estructuras más sólidas de los oponentes. Todos saben que esta situación no es sostenible pero, uno y otros, confían en que, por suerte para Argentina, Messi nació en Rosario y no en otro territorio. Con todo, el país espera que esto les lleve al resultado final deseado.

El debut ante Bosnia sigue exactamente el mismo guion. Al combinado le cuesta mucho el partido. Sabella empieza en un 4-2-3-1 que acaba por parecerse más a un 4-4-2 por el trabajo que los bandas tienen que realizar al no conseguir el dominio y la posición descolgada de Messi. Pero al entretiempo decide cambiar de nuevo al 4-3-3, dando entrada a Higuaín y Gago. El rendimiento es demasiado inconstante y el juego no es nada bueno. Ante Irán se rescata nuevamente el 4-2-3-1, encajando todas las piezas ofensivas posibles y, contra Nigeria, Sabella vuelve al 4-3-3. Los dos aplicados de una manera poco rigurosa en las ubicaciones del mediocampo hacia adelante. Poca creación y mucho estorbo en la sala de máquinas que es maquillado de golpe por un *déjà vu* recurrente. El de Rosario es argentino y no de cualquiera de los otros países que disputan el campeonato. La primera fase de Lionel Messi es simplemente celestial e insuperable. Él rescata al combinado en el primero, en el segundo y en el tercer partido. Una Argentina que, desde mi punto de vista, hubiera tenido que sufrir mucho para acceder a la clasificación en el grupo por juego, es transportada decisivamente por el 10 al liderato de grupo. Cuatro goles en tres partidos (uno de ellos en tiempo añadido) encabezan el relato.

Tres partidos que sirven para que Sabella elija la opción del 4-2-3-1 con Messi centrado y cerca del 9 para lo que queda del Mundial.

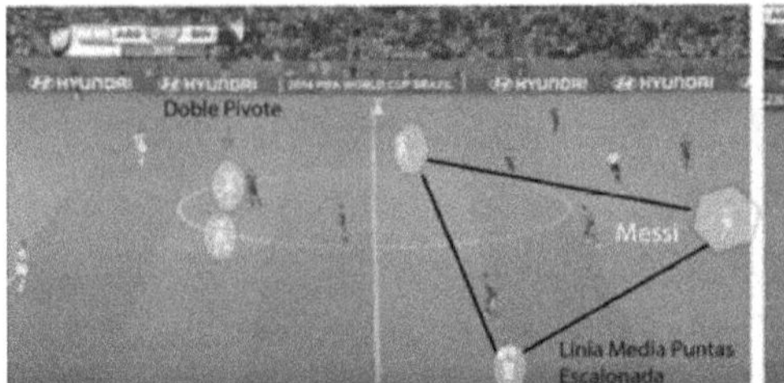

Estructura 4-2-3-1

4-3-3, equipo partido. Gran espacio entre líneas

Uno de los factores de riesgo acaba por hacerse realidad en la fase decisiva del Mundial. Al creciente nivel de los combinados contrincantes, se le añade la mayor sujeción que tienen sobre Messi. Argentina tiene pocos momentos de dominio y, cuando posee el balón, tampoco accede a la puerta de conexión con el astro de Rosario. El nivel de Leo no alcanza para la liberación futbolística.

Ya en octavos de final tiene muchísimos problemas para apear a Suiza. Lo hace con gol de Di María en la prórroga. Posteriormente derrota a Bélgica en un partido bien gestionado, pero nada lúcido. Los rivales se focalizan en tapar a Leo Messi y su aporte queda limitado a destellos futbolísticos. Argentina, que de alguna manera había sido transportada por el astro de Rosario hasta entonces, está lejos de mostrar fiabilidad y rendimiento. Los resultados quedan a expensas de que los detalles caigan de manera favorable. Y lo hacen en el siguiente enfrentamiento ante Holanda. Después de un partido largo en el que ambos equipos tienen alguna posibilidad para desigualar el marcador, los penaltis dan el pase. La albiceleste consigue acceder al partido decisivo. El combinado no es nada solvente en lo que a fútbol se refiere. Sigue con el decisivo condicionante de no encontrar lo suficientemente a Leo, pero se sitúa a un solo combate del hito.

Sin realizar un gran partido, Alemania es ligeramente superior, aunque Argentina aguanta de manera casi épica. En el tiempo añadido, Mario Gotze aprovecha un desajuste defensivo para descolgar un centro ladeado con el pecho y perforar la portería de Sergio Romero. La albiceleste se queda a las puertas del título. Argentina y Messi se quedan a un sólo escalón de la gloria. Tan cerca y tan lejos a la vez.

A partir de ahí saltan muchas preguntas: ¿Qué ha fallado? ¿Por qué no se ha conseguido el reto? La selección se ha quedado muy cerca. Probablemente la razón radica en que, en esta ocasión, la moneda ha caído del costado opuesto de la misma manera que en tantas y tantas otras oportunidades había caído del lado albiceleste. Aunque la resolución final es muy dolorosa, probablemente se trataba de una cuestión de tiempo. Y si bien es cierto que los partidos importantes dependen de detalles, finalmente algunas de las carencias del combinado de Sabella han pesado. ¿Por qué el impacto del mejor jugador del mundo se ha reducido ante los equipos de mayor nivel? ¿Hay motivos tácticos que lo explican? Para mí forma de ver el fútbol, indudablemente sí. Pero ¿cuáles son las razones tácticas que han pesado en Leo Messi y, en consecuencia a Argentina, en el proyecto de Alejandro Sabella?

Inconsistencia táctica

Al técnico de Buenos Aires le asaltan las dudas a lo largo de su dirección. Tanto es así que casi es más aproximado decir que estas no cesan en todo su período. Y como he mencionado anteriormente parece que nacen de un pensamiento muy concreto. Tengo la sensación de que el seleccionador no es capaz de solucionar una lucha interna silenciosa entre su creencia futbolística y el agrupamiento de los principales atacantes argentinos.

Da muestras diáfanas de que su creencia básica es el 4-3-3. O, al menos, con tres mediocampistas puros que se repartan la zona ancha. Cada vez que necesita cambiar escenarios o cuando el rendimiento grupal no es el deseado, implanta rápidamente esta estructura sin titubeos. Aun así, la mayoría de partidos y especialmente gran parte de la trayectoria en la Copa del Mundo 2014 su apuesta es un 4-2-3-1. Un sistema que, de otro lado, el combinado albiceleste difumina para acercarse más a un 4-4-2 que a la propuesta de origen. Teniendo entre sus seleccionables a Leo Messi, Ángel Di María, Sergio Agüero, Gonzalo Higuaín, Ezequiel Lavezzi o Maxi Rodríguez en el frente atacante, la razón no es otra que tender a aglutinar al máximo número de ellos en un mismo equipo. Sólo así se explica su volatilidad en los perfiles de banda. Las alteraciones entre opciones de perfil diferente es constante. Ningún futbolista se erige fijo en dichas posiciones y las rotaciones entre piezas profundas como Di María, dan paso a presencias ocasionales de hombres más trabajadores como Maxi Rodríguez o Enzo Pérez. De igual forma, delanteros puros como Agüero, Ezequiel Lavezzi o Higuaín son alineados ocasionalmente en un costado para trazar diagonales al centro. Demasiados cambios en la pizarra como para que ciertos automatismos acompañen debidamente a tanto talento. Prácticamente los únicos valores que demuestra como inquebrantables son el doble pivote organizativamente hablando, Sergio Romero, Leo Messi y Mascherano en todas sus alineaciones.

En este deporte es realmente complicado que un engranaje llegue a su plenitud de potencial sin continuidad. Por mucho que se trate de una selección de los mejores futbolistas y no de un equipo estable en un mismo curso, siempre debe existir cierta porción de continuidad.

Exceso de toques en la construcción

El medio del campo es la zona de máquinas donde se rigen los encuentros. Alejandro Sabella apuesta de una manera férrea por el doble pivote. En ánimo de balancear el gran instinto ofensivo de la parte alta del combinado argentino, la tendencia de juego es de corte más bien defensivo. Sus elegidos acostumbran a ser siempre Javier Mascherano y Lucas Biglia. El primero de ellos es innegociable mientras que el segundo deja paso de manera puntual a Fernando Gago o a Enzo Pérez.

Así pues, la franja media no está especialmente construida para masticar el esférico, sino para contrarrestar los espacios que se puedan derivar en transiciones veloces o desajustes. Este es uno de los factores en los que la selección dista en mayor medida del entorno del F.C. Barcelona en el que está instruido Leo Messi. La velocidad de circulación del juego es muy normal y sin la agilidad con la que un mecanismo como el albiceleste solicitaría. Los conjuntos que, sobre el papel, deben de llevar la iniciativa de los partidos, precisan velocidad en las asociaciones. De igual forma, es interesante prodigarse en las posesiones largas para desestructurar cuando las líneas de conexión preponderantes son tapadas. En este sentido, el medio del campo diseñado por Alejandro Sabella no explota este factor. Mascherano tiene el ánimo para realizarlo pero no los dotes y aunque Biglia o Gago son jugadores ligeramente más tocadores, no lo son bastante como para imponer tal estilo. Los cambios de orientación en el juego existen pero desmedidamente escalonados. El exceso de toques o las mini conducciones innecesarias tampoco son buenos.

Se trata de un perjuicio alto desde el prisma Messi. Al tener su ámbito de acción en la medular, los rivales tienen más tiempo para tejer ayudas. Son generalmente sacados muy poco de su zona y eso les permite recluir al astro argentino en medio de un mar de piernas.

A fin de cuentas, para abrir líneas de pase determinantes, la velocidad de balón tiene que ser mayor que la velocidad de basculación del combinado oponente. Si es así, tarde o temprano se construye el hueco que permite en enlace deseado. Eso es lo que tiene Leo Messi en el Barça y que no encuentra en el hábitat que Sabella diseña para él. Los perfiles de los jugadores también son básicos para conseguir objetivos de juego.

Dos equipos en uno

La fotografía general es la de un equipo dividido en dos grandes cuerpos: el atacante, potente e incontrolable, y la parte defensiva, compuesta por los cuatro defensores y el doble pivote. Es un engranaje habituado en la épica defensiva. Muchas transiciones de los contrincantes aparecen con tres o hasta cuatro atacantes albicelestes descolgados. En este marco de actuación, obliga directamente al doble pivote a trasladarse a zonas de banda para reducir espacios. El abandono de zonas repercute inevitablemente en espacios libres que el contrincante tiene la posibilidad de ocupar.

Un equipo partido promueve el desorden, el desorden origina descontrol y el descontrol conlleva a la posibilidad de ser muy efectivo y el riesgo de ser muy vulnerable a la vez.

Pendientes del hilo de Messi

La dependencia de Leo Messi se hace evidente durante toda la era. Para ser justos, cabe subrayar que hasta cierto punto es normal cuando estamos hablando de un jugador para la historia del deporte. Pero la Argentina de Alejandro Sabella depende en demasía del futbolista de Rosario. Uno de los peligros más altos que presenta el fútbol es que, al tratarse de un deporte multifactorial, difumina las fronteras de los problemas y de las soluciones.

"Un buen día de primavera comía con unos amigos después de un partido. Ninguno de ellos era experto en fútbol. Simplemente asistían a algunos de los partidos que disputaba. Aun así, uno siempre puede aprender de todo el mundo y yo aquel día me quedé con una frase que uno de mis conocidos pronunció: 'Alex, yo creo que una de las dificultades más grandes para la interpretación del fútbol es que es de los deportes que depende de un mayor número de factores. En los individuales, las cosas se hacen muy evidentes. Por ejemplo, en baloncesto las estadísticas aportan información más útil para el trabajo posterior. En el caso del balonmano o el hockey, tengo la sensación de que la idea va más al unísono y que el hecho de marcar más goles autoriza más espacio a la reacción. En cambio, en el fútbol, todo depende de todo. El delantero depende del portero y a la inversa. El ataque de la defensa. El goleador del acierto del pasador. El equipo del acierto de la táctica. Y la táctica que los jugadores la plasmen según lo acordado. Sin conocer en absoluto de fútbol, esta es mi creencia".

Y estoy bastante de acuerdo con esta reflexión. Pues bien, eso es lo que le ocurre a la Argentina de Alejandro Sabella. La dependencia de Leo Messi pasa el límite que diferencia la lógica de la desproporción. Al mismo tiempo, la fórmula es víctima de su propio éxito, ya que el jugador azulgrana sobrepone algunos desajustes grupales del combinado con lo que su extraordinario rendimiento durante la fase de clasificación y la primera fase del Mundial de Brasil 2014 alimenta la excepción en normalidad. También un elegido para el fútbol puede ser infalible. Precisamente por eso, tener recursos complementarios en el conjunto es siempre indispensable. Es una evidencia que estos se hacen mucho más difíciles en los combinados nacionales, pero Sabella tampoco los busca. Es por ello que la selección precisa de la versión excelsa de su número 10. Solo en que el astro baje sus prestaciones a un notable alto ya es escaso. La Argentina diseñada por Alejandro Sabella es un buen equipo, pero suspende sobre el hilo de Leo Messi.

No ampliar la zona de ataque

De los inconvenientes ya enunciados como que el conjunto se parte en dos y que no circula con suficiente velocidad el juego, deriva un problema importante. El equipo no es amplio. Presenta una fisonomía más alargada que ancha y eso dificulta el juego en estático. Todos estos condicionantes desembocan inevitablemente en un atasco de las uniones. Argentina no exige al rival ni en circulación ni en amplitud. No solo se dificulta las asociaciones, sino que facilita las labores defensivas. En tal contexto, se hace prácticamente imposible las conexiones sosegadas a la zona decisiva de campo. Las organizaciones oponentes no dejan la puerta abierta para que los albicelestes encuentren a Messi. En las remotas ocasiones en que esto ocurre, el resto del equipo no está asentado ofensivamente, así que las opciones a las que Messi puede incidir con cierta ventaja pasan por las transiciones rápidas.

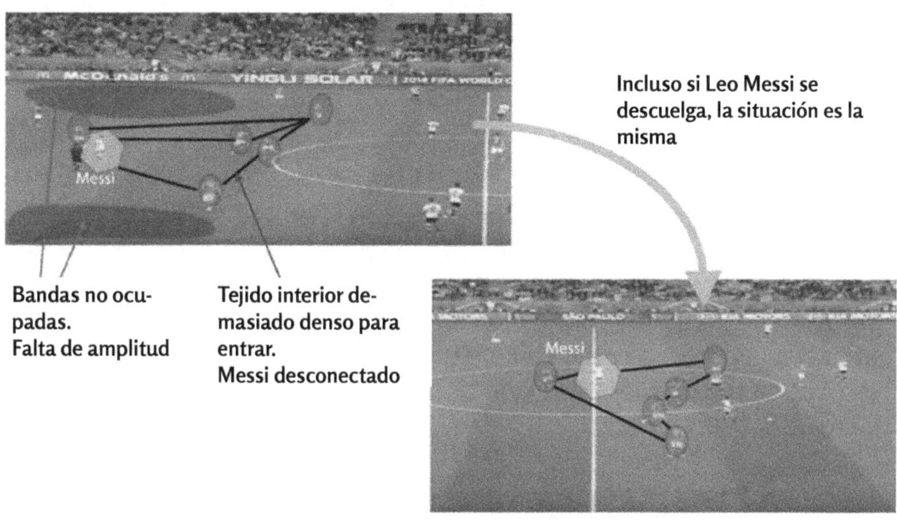

MESSI Y MARTINO

El 12 de agosto de 2014 se anuncia oficialmente que Gerardo Martino sustituirá a Alejandro Sabella como seleccionador de Argentina, firmando su contrato hasta el 2017. Después de su exitosa etapa en la selección paraguaya y de su tenue ciclo en el F.C. Barcelona, se le otorga el mando de la albiceleste con la finalidad notoria de que cuadre un escenario específico para Leo Messi. Los dos son de Rosario y los dos vienen de convivir recientemente en el club azulgrana. La adaptación mutua parece asegurada. A Martino se le atribuye un perfil mucho más gestor que táctico pero, por su experiencia azulgrana, también se le concede cierto conocimiento del entorno en el que el 10 argentino se siente más cómodo.

Los retos en el horizonte de Martino son dos Copa América y el camino hacia el Mundial 2018. Justo el espacio de tiempo que llevará al astro de Rosario hasta los 31 años. Un período de plena madurez futbolística. Y en base a ello pretende actuar el técnico.

Duplicado nacional

Como Sabella, Gerardo Martino parte con la premisa clara de clonar la posición actual de Messi en el F.C. Barcelona. Aunque, como se detalla específicamente en el capítulo 6, en la etapa azulgrana del entrenador la ubicación del astro argentino era centrada, Martino apuesta por situarlo ladeado a la derecha como en la actualidad. Insisto que, en este sentido, creo que se trata de una decisión acertada para aprovechar las sinergias ya creadas.

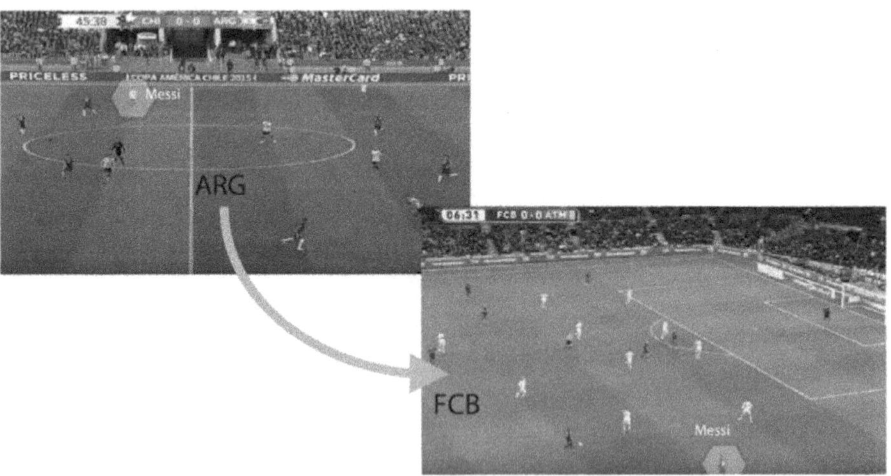

Época Martino: Messi ubicado en la banda derecha, Copa América 2015: Argentina-Chile. Messi entorno del club, FC Barcelona - Atlético de Madrid 11/01/15

El sistema de juego pasa a establecerse de una manera regular a un 4-3-3 más definido que en la época anterior. Una disposición calcada a la del Barça y en la que Leo Messi ha encontrado una inyección de aire fresco para sortear altas densidades de jugadores. Por otro lado, es la preferida también por el técnico de Rosario, con lo que se convierte en un punto axiomático.

Aproximación al hábitat imaginario

Se producen dos movimientos de piezas interesantes. En primer lugar, Gerardo Martino acompaña con Di María y Agüero al jugador. Este es un movimiento claramente destinado a aproximar no solo posiciones, sino tipologías de juego. De entre todo el abanico de opciones ofensivas que dispone Argentina, esta elección no va únicamente encaminada a momentos de forma, sino a una estructura determinada. Ángel Di María es un jugador claramente profundo y al que le gusta progresar con espacio. De aquellos jugadores que estiran el cuerpo general del equipo cuando está situado en banda. Por lo tanto, el jugador que más se acerca a las características de Neymar de los seleccionables. En el medio, tanto Sergio Agüero o Gonzalo Higuaín pueden realizar la función de delantero puro. Los dos tienen características disparejas a las de Luis Suárez en el F.C. Barcelona pero ofrecen, así mismo, unas notables prestaciones. Lo que se busca es un delantero posicional en el medio que pueda retener a los centrales oponentes y ambos cumplen este requisito. El Kun aúna más calidad en la asociación y es quien gana mayoritariamente la partida.

El segundo de los movimientos se produce en el eje. En el medio del campo aparece una transformación importante tanto en piezas como en estructura. El doble pivote deja paso a un triángulo puro. Javier Mascherano y Lucas Biglia siguen asegurados en el once pero, este último, avanza la posición para ubicarse ligeramente hacia adelante y dejar el equilibrio ataque-defensa únicamente al Jefecito. El otro extremo del triángulo es ocupado por un perfil creativo como es el de Javier Pastore. En principio, debe aportar más agrupación entorno al esférico y más criterio en el juego. Además, los costados otorgados a cada uno de ellos no son casualidad. Biglia va al flanco derecho para contrarrestar la libertad ofensiva de Messi y Pastore en el opuesto. Una muestra evidente de que se busca plasmar el entorno azulgrana con la pareja Iniesta-Rakitic.

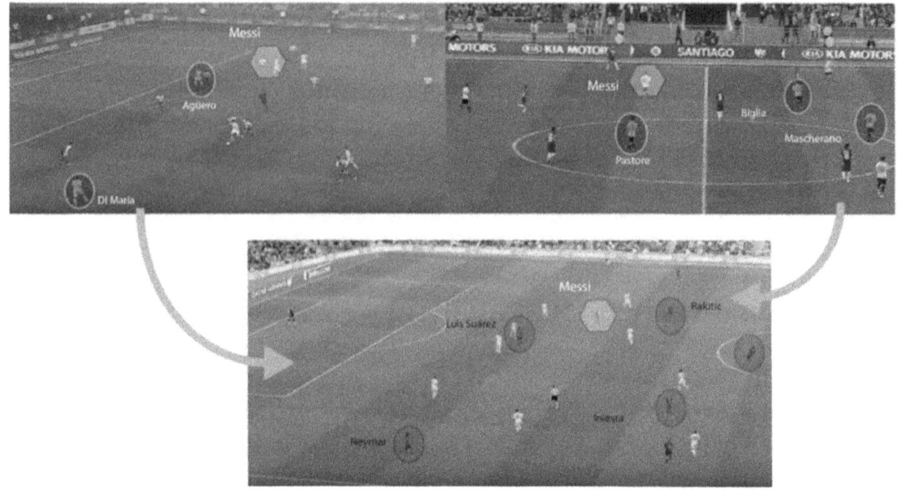

Estos movimientos favorecen a Leo. Si Sabella ya había intentado aproximar la organización de la selección hacia él, este es un paso más en esta dirección

Mayor control

Los matices van dotando a los albicelestes de una personalidad más definida y van aumentando en su ganancia futbolística. Argentina todavía no ejerce una idea grupal, pero es más robusta y se aprecia. El triángulo interior y la introducción de Pastore en la franja provocan que Argentina gane en control. La fotografía de un equipo alargado y cuerpeado en dos bloques marcados sigue apareciendo a veces, pero no es constante. Ya se puede apreciar algunas basculaciones entre bandas y las posesiones largas, poco a poco, van conquistando cierto terreno. Y aunque la fluidez no es la deseada sí se aprecia otro ánimo en ello. Este *timming* beneficia el juego de Messi, ya que ahora existen ocasiones en las que el número 10 tiene el tiempo suficiente como para venir a tocar adentro. De esta manera se forma una especie de rombo en el medio que acrecienta la pertenencia de balón. Y, aunque ciertamente no es un hecho permanente, sí se evalúa.

No solo se trata de una apreciación personal. Si se busca, los datos marcan una tendencia evolutiva. Aquí adjunto los datos de posesión de balón de la albiceleste en los últimos tres partidos del Mundial de Brasil 2014 frente a los mismos en la Copa América 2015. Es decir, desde los cuartos de final a la final:

<u>Mundial Brasil 2014</u>
Argentina-Bélgica → 46%.
Argentina-Holanda →47%.
Final: Argentina-Alemania → 36%.
Media → 43%.

<u>Copa América 2015</u>
Argentina-Colombia → 61%.
Argentina-Paraguay → 59%.
Final: Argentina-Chile → 43%.
Media →54%.

Carencias anteriores en el peor momento

La selección albiceleste realiza un campeonato notable y se encumbra más sólida. Presenta un bagaje claramente positivo en goles. Diez dianas a favor frente a tres goles encajados a lo largo del campeonato hasta que llega a la final.

Tras empatar sin goles en los noventa minutos y en los treinta del suplementario, Chile (el conjunto local) supera por 4-1 a Argentina en la definición desde los once metros y se adjudica la Copa América 2015. El combinado argentino vuelve a presentar carencias vistas en el pasado desde un buen inicio. La selección local sale con su intensidad habitual. Argentina no tiene fluidez ni clarividencia en el inicio para superar la presión alta.

A base de balones largos sobre Ángel Di María y Sergio Agüero, parece sobrevivir al acoso rival. No es una buena práctica, ya que Leo Messi queda desconectado del juego colectivo pero sí sirve para subsistir y esperar a minutos de mejoría. La lesión de Di María sobre la media hora no hace más que aumentar los problemas. El equipo dirigido por Gerardo Martino ya no es profundo y la entrada de Lavezzi le quita una variante importante al equipo del Tata, que pasa a depender única y exclusivamente de la inspiración de Leo Messi. El incansable trabajo sobre todo del flanco izquierdo chileno y las bajas prestaciones con el balón provocan que el líder argentino no entre en dinámica continua de juego. El aumento de peso argentino en el dominio y en la comodidad de balón no son tales ante la presión de los de Sampaoli.

Es muy difícil que el mejor jugador del mundo no aparezca a lo largo de un encuentro tan decisivo. El futbolista de Rosario entendió que tocaba ese partido y sólo necesitó una conexión para armar una de sus cabalgadas. En una fantástica maniobra individual, Messi corrió 30 metros con pelota pegada a sus pies y cedió para Lavezzi, que quiso entregarle el gol a un Gonzalo Higuaín que no pudo llegar a pellizcarla. Otra vez tan cerca y también tan lejos.

Luego de empatar 0-0 en los 120 minutos, los lanzamientos desde los once metros deciden. Leo Messi asume y marca con solvencia. Pero los errores de Higuaín y Banega más el acierto de Claudio Bravo bajo palos permiten a Chile conquistar la Copa América por primera vez en su historia. Por segunda vez en solo dos años, la selección albiceleste se queda de nuevo a las puertas de un título.

Una vuelta de tuerca más para el 2016

Es evidente que fue un golpe para todo el país. Aun así, casi toda la opinión coincide en que el camino tomado es el adecuado. Por suerte para todos, la siguiente cita está muy cerca. La Copa América Centenario 2016 se encuentra a la vuelta de la esquina.

Gerardo Martino, tocado por el pasado segundo puesto pero confiado de que la dirección escogida es la correcta, propone una vuelta de tuerca más. Hay poco margen de tiempo para implantar cambios muy importantes. Aplica una sola variación visiblemente enfocada en acercar un grado más la escena argentina de la azulgrana. Ever Banega, quien hasta entonces estaba a la sombra de Javier Pastore, pasa a ocupar la *pole position* en el interior de creación de la albiceleste. Aunque este último también continúa participando en algunos partidos ocasionalmente, pasa a ser actor secundario. El mediocampista del Sevilla se encuentra en gran momento de forma y viene firmando sus mejores números. Claramente se erige en la primera opción en los planes del técnico de Rosario. Pero no sólo en el rendimiento se fundamenta este paso. También responde a la voluntad táctica del Tata de aproximar a la albiceleste un grado más al indiscutible líder que es Leo Messi.

Si bien es cierto que Pastore es un jugador creativo y de un toque de balón excelente, también lo es su personalidad posicional en el campo (más avanzada que la de Banega). El mediocentro es menos goleador y más asistente que el futbolista del París Saint Germain; precisamente esto es lo que se busca con el matiz. Un apoyo de calidad para la salida de balón de la conjunción defensa-Mascherano. Es una realidad que este fue un punto clave con el que la selección se atascó en los partidos precedentes. Así pues, Argentina llega con una misma idea y con una estructura asumida a la Copa América Centenario 2016.

Al mejor le golpea la misma piedra

Argentina realiza una trayectoria impoluta en el campeonato. Su rendimiento es muy bueno. El equipo asigna los argumentos concretos de cada uno de los jugadores. Así mismo, Martino puede conceder cierta dosis de rotaciones hasta bien entrada la fase decisiva del campeonato.

Messi juega y hace jugar. Su liderazgo futbolístico es innegable y su importancia tiene el mismo impacto, por ejemplo, que en el Mundial 2014. No anota tantos goles, pero aproxima al combinado al fútbol y al control. Los datos repiten y aumentan el estilo.

<u>Copa América Centenario 2016</u>

Argentina-Venezuela → 63%.

Argentina-Estados Unidos → 68%.

Final: Argentina-Chile → 46%.

Media →59%.

Argentina vence a Chile por 2-1 en la fase de grupos con Banega asentado en el rol organizativo. Con ello, se rehace de las sensaciones un curso después. También se impone en la primera rueda a Panamá (5-0) y a Bolivia (3-0). En cuartos de final aplasta a Venezuela por 4-1. La semifinal es antológica: Argentina goleó a Estados Unidos por 4-0. Esa noche el 10 azulgrana tiene una actuación espectacular: marca el segundo gol de un partido en el que Gonzalo Higuaín facturó por duplicado y Ezequiel Lavezzi abrió la cuenta.

La situación es perfecta para afrontar la final. Alineación idéntica a la que vence en el encuentro de grupos. Primero el combinado chileno dirigido por Juan Antonio Pizzi, y después el argentino, se sobreponen a sendas expulsiones. El árbitro reparte diez tarjetas durante 120 minutos y el nerviosismo está bien presente en el choque.

Las transiciones del equipo chileno son efectivas y rápidas. Argentina no muestra los recursos en el transporte de balón. No hilvana jugadas y no gana segundas jugadas. La ganancia de los costados cae de la parte visitante y se convierte en clave. Mauricio Isla y Jean Beausejour se imponen en las bandas y erran muy pocos balones. A falta de combinación, le resta una sola arma a la albiceleste: la del 10. Pero Chile anula a Messi. No es el mejor partido como expresión futbolística, pero sí fue el más emocionante en años. Los once metros dictan sentencia. La historia se repite y Chile grita campeón.

Messi desconectado.
Dobles ayudas Chile

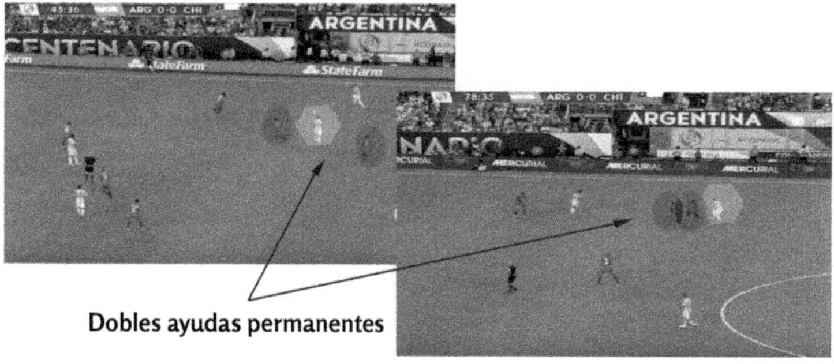

Final Copa América Centenario 2016. Argentina - Chile

Parece una película que se repite una y otra vez. Esta vez el golpe es durísimo. Una sensación de fracaso planea el MetLife Stadium. Desde el prisma de Leo Messi, la situación se convierte en la mayor angustia de su carrera. Falla uno de los penaltis decisivos. Su disparo con la izquierda se le va demasiado alto. La imagen del mejor futbolista del mundo destrozado da la vuelta al planeta. La etapa Martino del 10 se acaba.

SITUACIÓN CRÍTICA PARA MESSI

"Ya está, lo intenté mucho, es increíble, pero no se da. Se terminó para mí la selección", suelta un dolido Lionel Messi. Son los instantes inmediatos a la gran decepción. Lo acompaña: "Ya tomé la decisión, para mí la selección argentina se terminó. Me duele no ser campeón con Argentina".

Son días durísimos para el futbolista azulgrana. Con Messi en el terreno, Argentina perdió la final del Mundial Brasil 2014 frente a Alemania en tiempo extra. También perdió las finales de la Copa América en 2007, 2015 y 2016, las dos últimas por penales y contra el mismo rival: Chile.

Rápidamente saltan corrientes de opinión. La primera de ellas, la que se basa únicamente en los hechos cuantificables y se ensaña en una dura e injusta crítica. Decepciones lógicas a un lado, creo que Argentina no hubiera alcanzado ninguna de las citadas definiciones sin Lionel Messi. Es una argumentación categórica que la albiceleste es una con él y otra enormemente más débil sin el astro argentino.

Como acostumbra a pasar en este deporte, se impone la parte de la crítica durante las semanas venideras. Una situación totalmente injusta para el jugador de Rosario. Esta inmensa cantidad de detracciones molestan mucho al delantero del Barça, que no entiende los comentarios vertidos hacia su persona tanto en la prensa como en las redes sociales. Eso se une a su lógico enfado deportivo. Paralelamente a ello, Gerardo Martino renuncia al cargo al frente de la albiceleste

La relación amor-odio vuelve a la primera escena. Afortunadamente para Argentina y para el mundo del fútbol va progresando la segunda corriente de pensamiento. Leo Messi es, sin duda, el mejor futbolista del mundo y de toda la historia. Y, a pesar del dolor, todo el país lo sabe.

EL EFÍMERO PASO DE BAUZA

Edgardo Bauza es el siguiente en llegar. El sí significa romper con el criterio venidero. El Patón es un técnico que se distingue por una buena gestión y por un alto pragmatismo en el juego. Intenta aplicar un retroceso del cuerpo del combinado hacia la defensa.

Su etapa es corta y nada exitosa. Su principal triunfo está estrechamente relacionado con Messi. Se trata del momento en el que Leo desestima su propia renuncia pública a la selección y decide volver. La persistencia del técnico y el paso del tiempo consiguen una conquista parcial de todo un país. Aun así, se trata solo de un miraje. El 10 azulgrana no está cómodo en el engranaje de Bauza. El equipo cambia nombres, módulos tácticos. Lejos de avanzar, va involucionando. Argentina pierde la relativa solidez de conjunto que había logrado en los últimos tiempos. Ni Messi puedo resolverlo. La disputa frente a Brasil saca a la luz todos estos problemas. Una derrota que casi es humillación. La albiceleste recibe tres goles que pudieron haber sido más.

El 11 de abril de 2017 se cierra la etapa de Edgardo Bauza, quien es cesado como técnico de la selección debido a la mala situación en la clasificación para el Mundial de Rusia 2018. Su bagaje en ocho partidos únicamente presenta tres victorias. Argentina es derrotada en otros tres partidos y, en los otros dos, colecta dos escasos empates. La intención de dotar a la selección de mayor robustez a cambio de la pérdida de *punch* arriba no funciona. El global de goles pasa ser negativo, ya que sigue en ratios de goles encajados parecidos (diez en ocho encuentros) pero pasa a transformar mucho menos (1,25 por partido). Y lo peor de todo, Leo Messi en ningún momento se encuentra agradable en el engranaje del técnico. Se aprecia la cara más intrascendente del futbolista y eso sí que no lo puede permitir Argentina.

MESSI EN EL MODELO SAMPAOLI

El 1 de junio de 2017, Jorge Sampaoli asume oficialmente la dirección de la selección argentina con un contrato de cinco años hasta la Copa Mundial de 2022. Un golpe de volante en toda regla. El técnico argentino viene avalado desde todos los frentes. Su bagaje con Universidad de Chile en sus inicios y con el Sevilla después le acreditan a nivel de clubes. Por lo que hace al ámbito de selecciones es fantástico. Es el cuarto director técnico en la historia de la selección chilena con más partidos dirigidos. También fue el primer entrenador en levantar un trofeo oficial.

Sampaoli es un ávido fanático del estilo de juego ofensivo de los equipos de Marcelo Bielsa. El técnico argentino siempre ha distinguido su exitoso camino por ser seguidor de la escuela bielsista. Como buen discípulo de ella, sus equipos se distinguen especialmente por realizar una presión brutal. Me atrevería a decir que todas sus evoluciones, tanto ofensivas como defensivas, van claramente enfocadas al momento de la pérdida de balón propia. Convierte los enfrentamientos en duelos individuales en todo el campo, de manera que el ritmo de sus partidos es realmente frenético. Ha hecho famoso ya su esquema 3-3-1-3, con tres defensas, dos laterales, un mediocentro defensivo, un volante creativo, dos extremos y un delantero en el centro. Un cambio de rumbo estimulante con el que Leo Messi afrontará todo un desafío en su carrera profesional.

CAPÍTULO 8

MESSI UNIVERSAL (6.0): EL MAYOR RETO DE LEO

Su versión actual se va cociendo durante meses. Es el último paso en la evolución del genio. Una etapa que, ya instalado en la genialidad, le lleva al éxtasis futbolístico. Un estado de futbolista nunca visto hasta la fecha. Un estado en el que Leo y el fútbol se cruzan en la cima de ambos. Empieza el 15 de julio del 2017, en lo que significa el mayor desafío de Leo Messi en su carrera: el curso deportivo 2017/18. La temporada le abordará volver a levantar un F.C. Barcelona en desolación deportiva y, sobre todo, el reto de su vida: el Mundial de Rusia 2018. Además, el club azulgrana estrena proyecto técnico con Ernesto Valverde a la cabeza. Un desafío triplemente complicado para el mejor.

El inicio ya presenta un obstáculo mayúsculo. Neymar hace evidentes las dudas sobre su continuidad en el club. Una tentadora oferta del Paris Saint Germain es la razón. El tridente, sobre el cual se tendrían que construir las bases del nuevo proyecto, se tambalea seriamente. El primer mes de preparación se ve totalmente afectado por un ambiente enrarecido e incrédulo. Es imposible para el nuevo entrenador trabajar conceptos y la pretemporada queda totalmente disipada con el *affaire* Neymar.

Aun así, el equipo empieza con muy buenas sensaciones en los partidos de la gira por Estados Unidos. El posicionamiento del tridente es claramente más cercano. Tanto Messi como Neymar vienen adentro a desarrollar su juego. Generalmente definiendo un triángulo en el que Luis Suárez actúa como vértice para estirar.

Si bien es cierto que ello provoca altas complicidades entre los tres cracks, también lo es que el campo se le queda estrecho al equipo en demasiadas ocasiones. En cualquiera de los casos, un cambio que reporta notoriamente más beneficios que inconvenientes en estos partidos. Pero el 5 de agosto del 2017 todo da un vuelco radical. Finalmente los rumores se confirman. Neymar paga la cláusula de rescisión y firma por el París Saint Germain. El tridente se rompe. Una gran piedra en el camino para empezar. El doble reto se le convierte en triple.

MÁS DIFÍCIL TODAVÍA

Si la situación ya era complicada, los acontecimientos fuera del campo acrecientan las dificultades dentro. Ahora todos los equipos están todavía más pendientes de él. Ernesto Valverde opta de inicio por tocar muy pocas cosas. Aunque las aportaciones son matices interesantes, no conllevan ni cambio de sistema ni cambio de posiciones. Un escenario casi calcado y con el déficit que supone no tener un escudero como Neymar.

Las intenciones de los oponentes se plasman de una manera exagerada ya de principio. Leo Messi no solo es sometido a la vigilancia extrema esperada, sino que se produce un paso más allá. El partido de Supercopa de España que enfrenta a F.C. Barcelona y Real Madrid deja una imagen para el recuerdo: el marcaje al hombre de Kovacic sobre el astro argentino. Es impensable y único en la historia que un equipo de la potencia del Real Madrid, campeón reciente de la Champions League, varíe todo su formulario para desplazar la atención de uno de sus hombres únicamente a anular a Messi. Mateo Kovacic le persigue por el flanco derecho, por el centro y por banda izquierda si es necesario. El 10 azulgrana es hostigado en todo el campo. Era de esperar una atención engrandecida pero no tan radical. En el curso más trascendental, la escena que Leo Messi tiene de buena apertura es la más difícil todavía.

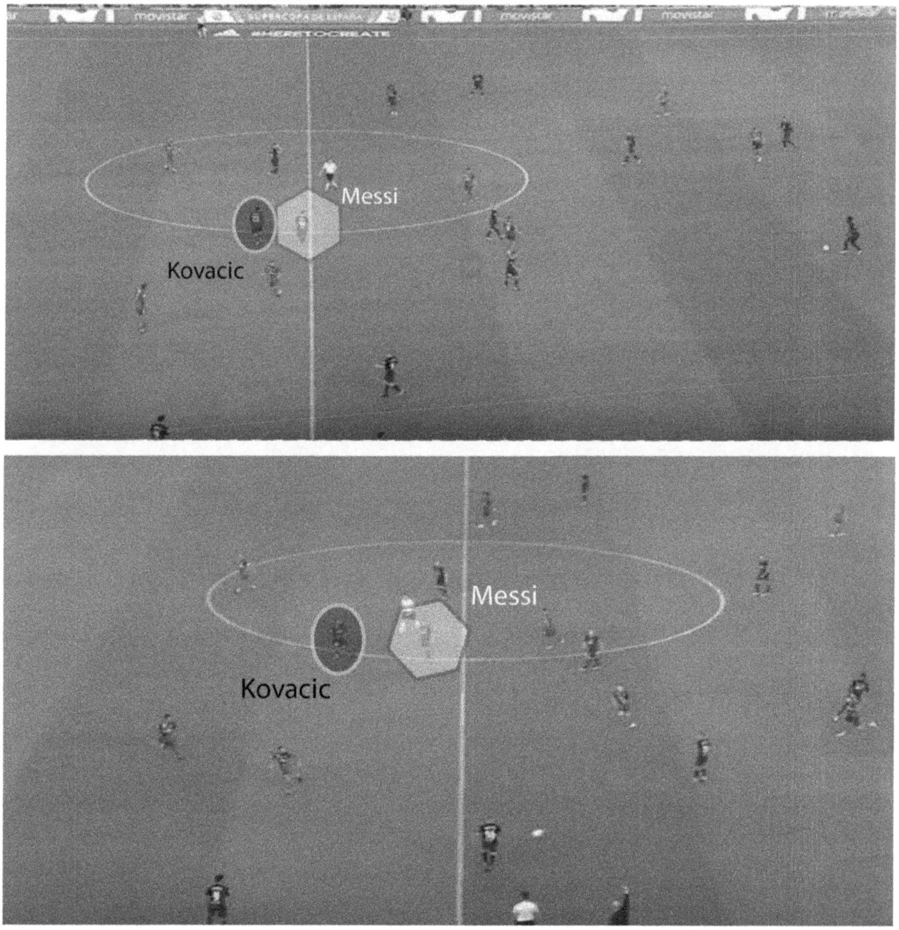

Secuencias del partido de Supercopa de España entre FC Barcelona – Real Madrid 2017/18

La tendencia se acrecienta. Todas las energías de los rivales se focalizan generalmente en detener el canal de enlace con Messi y la magia con el balón que él pueda desprender.

Rectángulo permanente en zona de recepción. Imagen del partido Deportivo Alavés - FC Barcelona (26/08/17)

La misma estructura oponente se traslada a cualquier zona del eje para atajar a Messi. Imagen del partido Deportivo Alavés - FC Barcelona (26/08/17)

REALIDAD PARALELA EN ARGENTINA

La era Jorge Sampaoli al cargo de la albiceleste empieza con el golpe de timón que el combinado pide y con ideas renovadas. Con Leo Messi como indiscutible líder y mantenido en la capitanía, sigue habiendo paralelismos con el escenario azulgrana. Aun así, aplica matices claros ya desde el primer momento.

Sistema de juego: El centro del campo eminentemente rocoso deja paso a un 3-4-3, con alto grado de movilidad y con cambio de cara. Concretamente este dinamismo que se busca repercute en la fase atacante, que encumbra un 3-4-2-1. En los tiempos de Sabella, el doble pivote parecía irrompible. En la época de Martino, la selección matiza el doble pivote situando un medio del campo de tres elementos, pero mantiene la sociedad Mascherano-Biglia. Jorge Sampaoli rompe definitivamente con ello aplicando un medio del campo con cuatro jugadores.

Regeneración de futbolistas: Todo proyecto debe contener indispensablemente de un grado de remodelación. Una regeneración que en el fútbol pasa de manera necesaria por el cambio de caras. Eso es lo que aplica el técnico con la incorporación de Ángel Correa, Mauro Icardi, Marcos Acuña o Federico Fazio. Digamos que la intención es la de ampliar la lista a nuevas opciones.

Dinamismo general conservando libertad para Messi: Este concepto es imprescindible para Sampaoli. Sus equipos no se entienden sin un ritmo de juego vertiginoso en todo lo que hacen. Argentina pasa de ser un combinado pasivo a una selección activa desde el primer encuentro bajo la tutela del entrenador de Santa Fe.

Localización en campo contrario: Uno de los objetivos claramente buscados es la disputa del juego en campo rival. Para ello, la albiceleste busca situar muchos efectivos del medio del campo en adelante. No es una cuestión de estructura, sino de idea, así que ello es manifestado persistentemente en el juego. Pero, en este deporte, todo tiene contraprestaciones, así que el equipo tiene que convivir con grandes espacios a las espaldas de la línea defensiva. Eso no es nada sencillo y, aún menos, para una tipología de jugadores no habituados. Precisamente por ello, el técnico apuesta por los perfiles más conocedores a su idea de juego o similar.

Acumulación de muchos efectivos en campo contrario. Secuencia Argentina–Brasil (09/06/17)

Acumulación de muchos efectivos en campo contrario. Secuencia Uruguay–Argentina (01/09/17)

La presión para obtener la posesión: Una de las obsesiones futbolísticas claras del técnico de Santa Fe es la presión. Da la sensación que este concepto pasa incluso por encima de la idea de la posesión, ya que se trata de un medio para conseguirla. La alta acumulación de efectivos va acompañada de un cambio de chip inmediato para realizar el achique de espacios. Todos los jugadores cercanos olvidan su ubicación para ir por el balón y, los demás, acompañan intensamente de manera que las posibilidades de recuperación arriba se convierten en muy altas.

Un triángulo de fijación: Una de las intenciones escrutadas es la creación de una forma posicional que abra espacios interiores. La búsqueda tiene por objetivo el diseño de una especie de triángulo.

> Los dos jugadores de banda del medio del campo tienen la consigna de permanecer muy abiertos. Por otro lado, el punta de referencia tiene por misión empujar todo lo que pueda a la defensa contraria formando un triángulo de fijación. Esta forma geométrica está especialmente diseñada por el técnico para ofrecer ventaja para las aventuras interiores de los mediocampistas pero, por encima de todo, para las apariciones de Leo Messi.

También este escenario busca paralelismo con el juego azulgrana. Messi juega más de mediocampista que de delantero o extremo apareciendo por adentro. Activa a todos los compañeros del mediocampo en adelante y se convierte claramente en el diseñador del juego. Es el mejor jugador del combinado con notable diferencia. La deseada sintonía con Paulo Dybala prácticamente no se da, ya que el joven talento parece no encontrar la posición para poder recoger. Busca recibir entre líneas, pero acaba encerrado entre las dos líneas oponentes. Argentina indaga un doble escalón de evolución con Messi en el eje del juego buscando el enlace con Dybala para progresar sin balón. Sólo imaginar esta relación ya sugiere mucho fútbol, pero todavía no está lo suficientemente asentada.

Aun así, son cambios notorios y el camino, largo. En esta fase inicial y, aunque ciertamente Jorge Sampaoli busca alinear jugadores más acostumbrados a practicar un fútbol similar, se aprecian carencias de concepto durante los partidos de clasificación. Para desarrollar esta idea son vitales conceptos como el dividir en el inicio del juego o las distancias en que los jugadores ofrecen los desmarques. La idea Sampaoli requiere de una cierta rapidez en la asimilación de todos estos conceptos buscados. Aquí vemos algunos de los factores de mejora que todavía presenta la albicelestes.

Los defensores sueltan el balón antes de que ello provoque atracción en los rivales. No desestructuran, viven en la excesiva seguridad del pase. Aparece una excesiva superioridad en campo propio, lo que inevitablemente lleva a la inferioridad numérica en el ámbito ofensivo.

Centrales sueltan el balón demasiado rápido, no dividen, demasiados efectivos para el tipo de presión del rival. Secuencia Uruguay–Argentina (01/09/17). De igual manera, los costados se ofrecen en una posición retrasada

Laterales bajos, no consiguen romper estructura defensiva. Secuencia Uruguay–Argentina (01/09/17)

Los días pasan y también los partidos preparatorios. La visita de Venezuela parece un partido propicio para ganar y sumar en todos los aspectos. Pero lejos de ello, la albiceleste no puede doblegar a la Vinotinto y aumentan las dudas. Sampaoli sigue apostando por el mismo diseño y la misma idea. Nuevamente, una disposición muy dinámica y que difumina el dibujo de una manera constante. La albiceleste plasma una especie de 3-4-1-2 que se muta constantemente. Por partes se puede interpretar como un 3-4-1-2, en otras un 3-4-2-1 y secuencias de un 3-4-3.

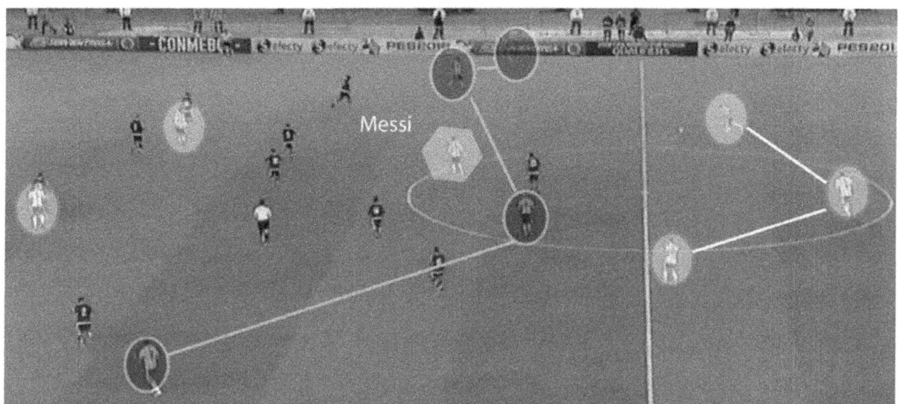

Argentina–Venezuela (06/09/17)

Los puntos base son:

1. Defensa de tres.
2. Medio del campo muy poblado.
3. Libertad total para Leo Messi.

Esta vez con la inclusión de futbolistas que ofrecen perfiles diferentes: Mascherano y Banega. Coherente e interesante la incorporación del Jefecito en la retaguardia con la que Jorge Sampaoli tiene la intención de rectificar uno de los problemas existentes: la salida de balón.

Argentina–Venezuela (06/09/17)

Después de unos primeros minutos buenos, el plan no da los frutos esperados. Los problemas ya mostrados en encuentros anteriores vuelven a la luz. La albiceleste es nuevamente golpeada por las transiciones del rival.

Ofensivamente la historia se repite. Venezuela, con dos líneas pobladas y juntas, se asienta en el partido y Argentina no es capaz de mover dicha estructura. La defensa no divide y, en consecuencia, no atrae a la primera línea rival. Y a mi entender, el problema principal: los jugadores de banda reciben en tierra de nadie. Ni lo suficientemente profundos como para aplastar los costados venezolanos en su área, ni lo retrasados para atraerlos y sacarlos de zona. Solamente el buen trabajo de Mauro Icardi consigue estirar ligeramente.

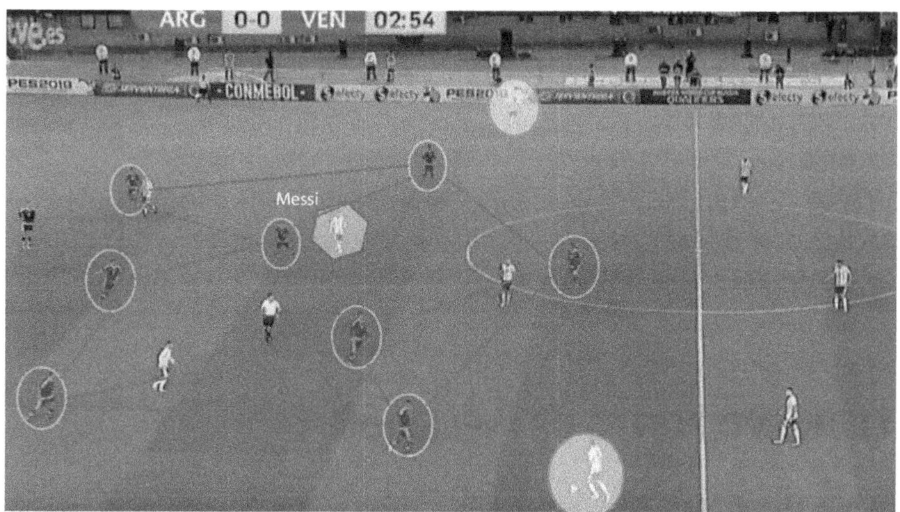

Los bandas reciben en zonas no adecuadas. La estructura defensiva de Venezuela puede mantener la alta densidad. Sin opción de pase a Messi. Argentina–Venezuela (06/09/17).

Las consecuencias son nefastas para Argentina. Este escenario, lejos de favorecer a Leo Messi, le perjudica. Así mismo, Paulo Dybala queda difuminado detrás del muro defensivo y no supone el foco de fútbol alternativo que el equipo busca.

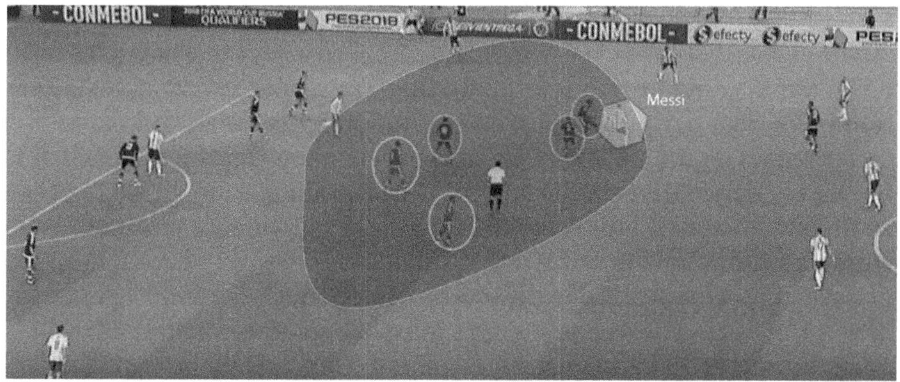

Escenario imposible para Messi. Argentina–Venezuela (06/09/17)

Pese a todo, la calidad del mejor jugador del mundo hace que de nuevo Leo Messi sea el único argumento ofensivo. Se mueve, la busca, la quiere y, en las pocas ocasiones que sus compañeros consiguen encontrarle, las palabras quedan cortas. Saca cosas de panoramas imposibles. Ante la falta de recursos, Sampaoli decide jugar algunos minutos con un doble nueve formado por Darío Benedetto e Icardi. El partido prácticamente acaba con una jugada que describe la situación actual de Argentina. Leo Messi se inventa una asistencia fantástica para Pastore, que no consigue ver puerta. Empate insuficiente y Argentina complica un poco más su situación.

Buenas intenciones pero mucho margen de mejora en su aplicación táctica. Las dudas crecen y el trabajo de Jorge Sampaoli y sus pupilos se acrecienta.

EL NUEVO PUNTO DE INFLEXIÓN

Leo Messi vuelve a la escena Barça con la clasificación más complicada. A todo ello, llega un día muy importante para el encaje futuro. El partido ante el Espanyol es un claro punto de inflexión. Valverde diseña un nuevo dibujo que sorprende por su sencillez y efectividad. Messi había actuado de falso nueve durante los partidos en los que Luis Suárez, el indudable delantero de referencia del equipo, había causado baja. Lo lógico y lo esperado era que el uruguayo ocupara nuevamente tal posición e intentar establecer una ubicación favorable para el 10 azulgrana a partir de ahí. Lejos de ello, el técnico simplemente da un vuelco a la pizarra. Tan simple como hábil.

De entrada, conserva la estructura general en 4-3-3 y mantiene también a Leo Messi como falso nueve para que su posición de partida esté centrada. Por otra parte, Luis Suárez es situado en el flanco izquierdo y el otro punta, Gerard Deulofeu, de inicio (Ousmane Dembelé después) lo hace en el flanco derecho. El vuelco no acaba ahí porque aplica también seductores matices. Luis Suárez se mantiene claramente costeado en la izquierda durante la presión alta de salida del rival. El resto del tiempo actúa prácticamente como delantero centro, pero cayendo ligeramente a la izquierda aprovechando que Messi abandona constantemente la zona de área. En el lado opuesto, Deulofeu (Dembelé en la segunda fase) no actúa cerrado, sino que lo hace radicalmente diferente: totalmente abierto a derecha. La idea es la misma, la aplicación diferente.

Nueva propuesta de Ernesto Valverde (nuevo ecosistema para Leo Messi)

Este diseño provoca una serie de mejoras y ventajas colaterales que favorecen tanto al equipo como a su indiscutible líder futbolístico. Con la presencia de Luis Suárez tan cerca, se provoca una atracción de rivales que supone una liberación posterior cuando Leo decide abandonar la zona. Otra gran ventaja es que abriendo el campo por derecha y no haciendo lo propio por el flanco izquierdo, se construye una pista libre para las apariciones de Jordi Alba. Otro hecho muy destacable es la liberación de Ivan Rakitic, que agradece exponencialmente tanto el propio jugador como el conjunto. El croata pasa de ser un compensador sumiso a un mediocampista normal y que pisa zonas más anticipadas. Un gran aliado para Sergio Busquets.

Pista para el carril exterior izquierdo

En resumen, un equipo que había estado acostumbrado a jugar sin un extremo derecho puro durante casi tres años pasa a hacerlo sin un extremo izquierdo natural. Un giro de sistema que genera aire fresco al F.C. Barcelona.

El primer test exigente para el nuevo dibujo llega el 12 de septiembre con la visita de la Juventus de Turín. El mismo rival que, escasamente pocos meses antes, apeó al conjunto azulgrana de la Champions. Ernesto Valverde mantiene el esquema y los protagonistas. Con una única excepción. Esta vez ya sí cuenta con Ousmane Dembelé entre el once inicial. El nuevo diseño sigue en crecimiento. El F.C. Barcelona realiza un partido muy completo en el que la tranquilidad y la maduración categorizan el encuentro. A partir de ahí, Leo Messi hace el resto. El 10 azulgrana realiza una nueva exhibición de fútbol. Su liderazgo deja en evidencia su supremacía en este deporte. Ante todo un finalista de Champions League, consigue dos goles en jugada individual y la asistencia del tercero. De igual forma, el argentino rompe su maleficio ante Buffon a lo grande. El F.C. Barcelona vence por 3-0, liderado por la zurda del mejor. Especialmente delicioso es el gol con el que abre el camino de la victoria en el minuto 45. La jugada es una auténtica demostración práctica del *timming* que debe tener una jugada y de cómo el fútbol puede sacar ventaja de jugar con el entorno.

Conducción de Messi, no hay pase, aguanta. FC Barcelona - Juventus (12/09/17)

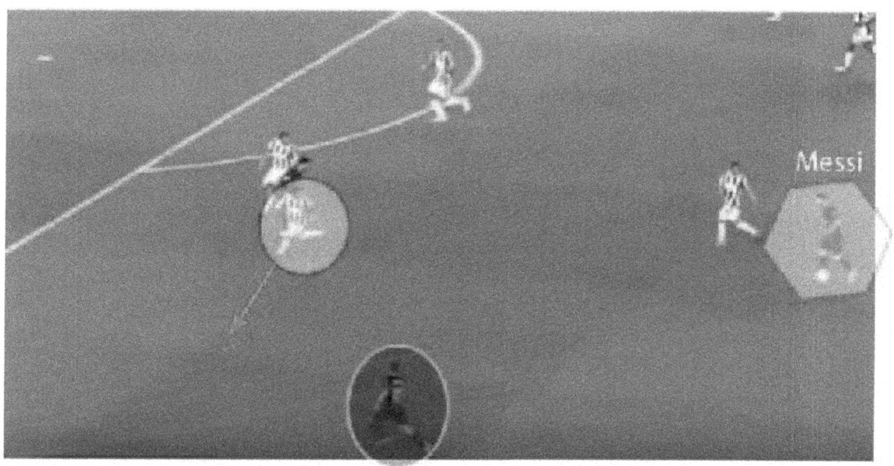

Obliga al defensor a decidir entre quedarse o ir en busca de la entrada de Jordi Alba. Juega con el posicionamiento de su compañero

Obliga al defensor a decidir entre quedarse o ir en busca de la entrada de Jordi Alba, juega con el posicionamiento de su compañero. FC Barcelona - Juventus (12/09/17)

Abre línea de pase y conecta con Suárez. FC Barcelona - Juventus (12/09/17)

Finaliza con gran calidad. FC Barcelona - Juventus (12/09/17)

Esta nueva ubicación y el hábitat general del equipo provocan que sus compañeros puedan conectar más con él en zonas decisivas. El conjunto gana metros con mayor facilidad y está más junto. Ello provoca que aparezcan más complicidades y eso, indudablemente, suma en el rendimiento global e individual de todos los jugadores. El partido sirve al Barça para fortalecer creencias y autoestima. Leo Messi vuelve a sentirse cómodo sobre el césped. Sus pases ya no son tan diagonales y su ataque es más equidistante. Parece que Ernesto Valverde encuentra la tecla.

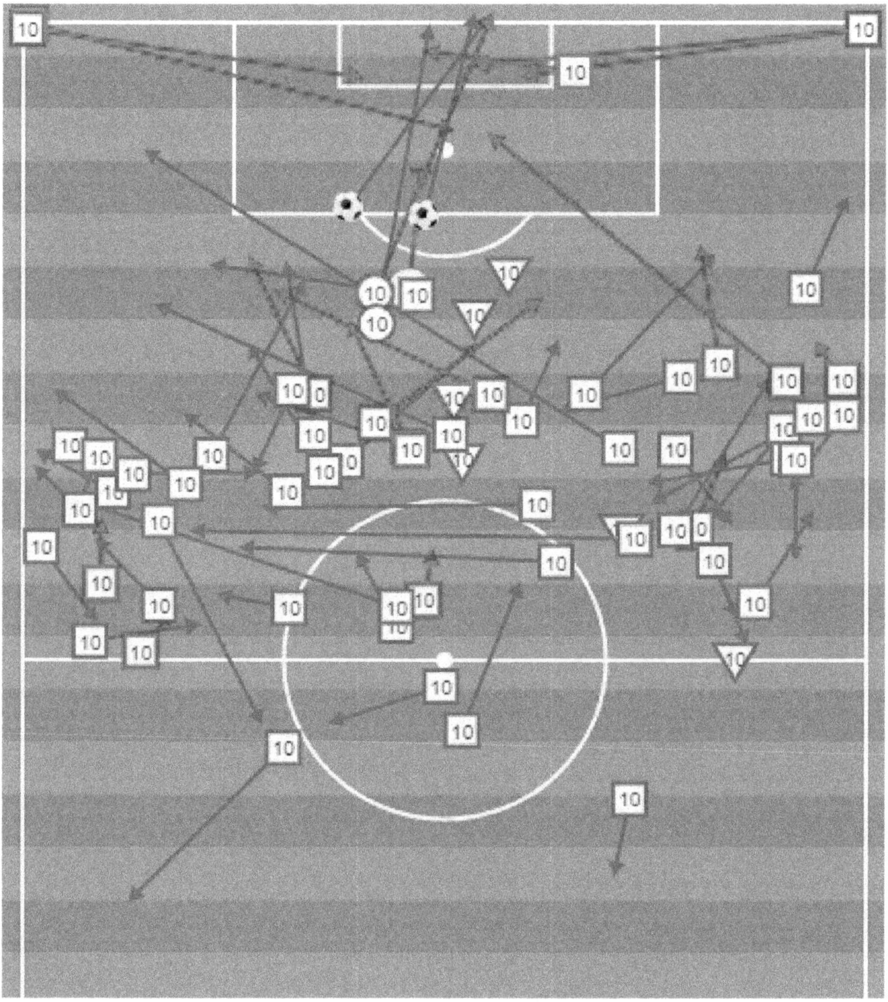

Mapa de la incidencia ofensiva de Leo Messi en FC Barcelona-Juventus (12/09/17). Equilibrio en los pases, ya no hay tantos desplazamientos diagonales derecha-izquierda y tiene más variedad y más opciones

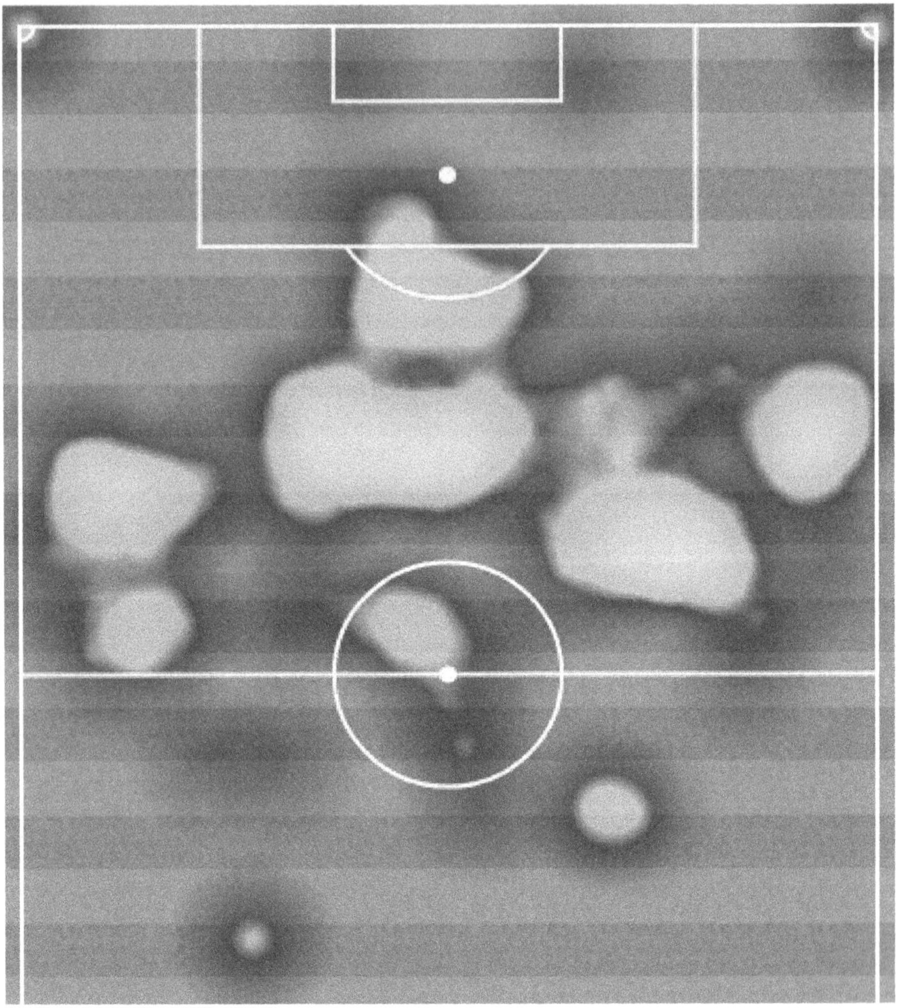

Mapa de calor de Leo Messi en FC Barcelona - Juventus (12/09/17). Igualdad de influencia en todos los flancos atacantes

Por el camino, la enésima dificultad. Ousmane Dembelé, el joven talento que había llegado a ocupar la zona de Neymar, cae lesionado en Getafe. El período de baja es largo y la lógica adaptación gradual del futbolista francés, interrumpida de manera fulgurante. Parece que no solo será una época de desafíos, sino también de dificultades a las que superar.

Cambiando de frente, Messi llega a un encuentro crucial para Argentina encaminando al F.C. Barcelona de una manera espectacular. Firma el mejor inicio en Liga de su carrera con trece goles en solo siete

encuentros y generando absolutamente el juego del equipo azulgrana. Por el camino, encuentra todo tipo de tácticas para intentar frenarle. Por ejemplo, un marcaje a hombre integral en el Girona-Barça por parte de Pablo Maffeo. Esta vez se va un paso más allá. Y es que el rival es la sombra de Messi tanto en ataque como en defensa.

Pero su rendimiento global es espectacular. El auténtico líder de un equipo que, no solo sobrevive al *affaire* Neymar, las lesiones de Luis Suárez y de Dembelé, sino que hace un pleno de victorias. El 10 azulgrana capitanea al conjunto de Valverde al liderato en solitario a una distancia de siete puntos sobre el Real Madrid.

EL MOMENTO MÁS CRÍTICO

Llega el choque ante Perú y Jorge Sampaoli renueva otra vez la línea de delanteros. Apuesta por alinear a la delantera VIP (Messi, Benedetto y el Papu Gómez junto a Di María). El técnico sacude la pizarra reiteradamente y busca un encaje razonable. Messi va centrado, como falso nueve, igualando el escenario del Barça. A partir de aquí, abre a la línea de cal a Ángel Di María mientras cierra a Benedetto. Forma un medio del campo con Biglia y Banega en uno de los interiores. La banda izquierda la forman Acuña y el Papu Gómez, que tienen una misión especial: flotar en la banda izquierda. El comportamiento con balón de la albiceleste es dinámico y quien marca la señal es Leo. Cuando él decide abandonar la zona de falso nueve en juego estático, Benedetto realiza movimiento diagonal para situarse de delantero centro de referencia y es el Papu o Acuña (mayoritariamente el Papu Gómez) quien se abre por el flanco izquierdo. La intención de Sampaoli es aprovechar la vertiente más global de Messi respetando las posiciones tácticas con los demás jugadores. Y en función de ello escoge unos perfiles que lo puedan desempeñar. Eso explica cuál es el motivo por el que deja a Dybala en el banco. Ver secuencia de movimientos:

Messi marca la señal táctica con su movimiento, abandona la zona central para acudir al origen del juego de la selección y se conectan los movimientos

Messi en el mediocampo, Di María está abierto y Benedetto cierra su posición

Imagen de ataque estático, Papu Gómez compensa en el flanco izquierdo

Argentina tiene balón y movilidad. Contacta con Messi con mayor fluidez que en encuentros anteriores, pero le falta lo más importante: el gol. Consigue un 67% de posesión y genera fútbol sin acierto. La situación de alta presión psicológica obviamente influye en ello. A pesar de ser los máximos goleadores en sus equipos, las apuestas del técnico en el frente de ataque no pueden romper la racha en Eliminatorias. Argentina no pasa del empate ante Perú. Aprecio clara mejora ofensiva respecto al partido de Uruguay pero sin remarcarlo en el marcador. Uno de los partidos en los que la albiceleste construye más ocasiones, pero no convierte. Situación altamente crítica para Messi, que ve como Argentina se sitúa sexta y no depende de sí misma. Fuera incluso del repechaje, afronta el último partido ante Ecuador en Quito, con la obligación de ganar.

SALVAR EL ABISMO

El partido ante Ecuador es la última carta para la albiceleste. Una victoria asegura el repechaje, pero otro resultado es el abismo para Argentina. Es la última parada, la última arma para evitar un barranco inimaginable. Sampaoli cambia otra vez de planteamiento y los hombres para plasmarlo. Ajusta un 3-4-2-1 con tres centrales, dos carrileros y otorgando una doble mediapunta en la que Messi habita con Ángel Di María.

3-4-2-1 con tres centrales, dos carrileros, Messi compartiendo mediapunta con Di María y Benedetto como referencia arriba. Ecuador-Argentina (11/10/17)

El partido empieza en la línea de lo habitual. La primera jugada del partido supone el 1-0 para Ecuador. Las caras de tensión dejan paso a semblantes de pánico. Durante los minutos inmediatos, empiezan a aparecer claros signos de precipitación en todos los futbolistas. Mercado solo logra salir en largo, Mascherano erra pases demasiado fáciles, Lucas Biglia pierde balones en el inicio.

Mercado saliendo en largo. Precipitación, nervios y falta de argumentos futbolísticos. Ecuador-Argentina (11/10/17)

Javier Mascherano erra una entrega fácil. Pase de cinco metros impreciso. Ecuador-Argentina (11/10/17)

Biglia pierde el balón en la salida habilitando la contra rival. Ecuador-Argentina (11/10/17)

Argentina está fuera del partido. Entra en cortocircuito hasta que aparece él, la Pulga. Acostumbrado a gestionar situaciones de estrés emocional, el astro vuelve a guiar a la selección justo cuando ésta había perdido el rumbo.

Aparece Messi, por fin encuentra complicidad en alguien próximo, Di María estira el campo con su movimiento, Messi se apoya en él para posteriormente llegar a la devolución. Por otra parte, Benedetto ataca el segundo palo y arrastra. Se crea el espacio, el gol de Messi cambia el encuentro. Ecuador-Argentina (11/10/17)

El primer gol es realmente el punto más decisivo del partido. La inyección anímica que eso supone al combinado de Sampaoli y, sobre todo, la autoconfianza que genera en el propio Messi, cambian el escenario. Justo ocho minutos después, el 10 transforma una mala entrega de Di María en una ocasión de gol.

En una situación de presión máxima, Messi hace evidente que es el mejor futbolista del mundo. Y en mi opinión, como he repetido en varias ocasiones durante este libro, el mejor de la historia. Firma un hat-trick que rescata a la albiceleste de un desamparo futbolístico. Leo pone a Argentina en Rusia 2018, con un recital de talento que también quedará grabado.

Con remarcado sufrimiento, parece que esta vez el plan de Jorge Sampaoli sí ha marchado. El rendimiento ha sido netamente superior, pero ha funcionado principalmente por él, por Messi. Pese a la mejoría, Argentina sigue presentando ciertas carencias estructurales que el 10 acaba tapando. El combinado no presiona bien la salida del rival. La estructura en punta de lanza con dos mediapuntas más la referencia arriba no consigue taponar la salida del oponente. El rival puede salir demasiado fácil. Y esto, ante selecciones de mayor nivel, será un condicionante que el equipo no se puede permitir.

El partido acaba con todo el vestuario argentino cantando a su estrella. La mejor definición la da su amigo y compañero Javier Mascherano, que sentencia: "Es el dueño de este juego". Simplemente así. En el fútbol es injusto personalizar pero es evidente que en este caso hay que hacerlo. La gestión de la presión que hace Messi de la situación es insuperable, ejemplar. Leo Messi le concede a Argentina cambiar el abismo por la ilusión.

Entretanto, el horizonte Barça sigue con su evolución positiva. La reciente estructura implantada le sigue funcionando espectacularmente bien a Messi y el Barça soluciona partidos exigentes como Atlético de Madrid o Bilbao con cierta solvencia. Aunque también empiezan a aparecer las primeras dificultades. A Luis Suárez, probablemente el único futbolista al que la nueva estructura le reduce presencia en el área, le cuesta adaptarse a la nueva situación. El delantero azulgrana, mucho más decantado a la izquierda de lo habitual, no se encuentra fino y su relación con el gol se reduce en gran medida. Además, por el camino, unas molestias le privan de su pleno rendimiento. Para cualquier 9 siempre es negativo ser alejado del área. Aun así, el uruguayo es un jugador tan descomunal y con un repertorio de aspectos ajenos al gol tan útiles, que puede encajar en ello. Es evidente que Messi y Luis Suárez tienen un química especial y el 10 azulgrana lo percibe. Leo sabe que tanto el conjunto como él requieren la mejor versión de su amigo y compañero. Lo empieza a buscar en tramos abiertos de partido para acercarle al gol. Messi es un líder que siente las sensaciones de sus compañeros con los que goza de complicidad en el verde. Este ejemplo nuevamente lo señala.

Es evidente que su figura va más allá del mejor jugador en la historia de este deporte, sino que es tan líder que evoca su fútbol para fortalecer al grupo. Su liderazgo no parte de la palabra sino en su fútbol. Y si bien es cierto que Luis Suárez es su gran amigo, también se trata de un jugador indispensable para el Barça. Ayudar al uruguayo es ayudar al equipo. Poco a poco sale más del área para que él entre. Se nota, se aprecia y Valverde lo interpreta. Es por ello que el técnico empieza a matizar en la pizarra para, sin tocar la tecla estructural encontrada, acercar a Luis Suárez al área.

Messi saliendo de zona entre líneas, lo que acerca a Luis Suárez al área. Olympiakos - FC Barcelona 31/10/17

LA PROGRESIÓN DE LAS IDEAS

Las pruebas hacia el gran desafío reanudan para la albiceleste. Aunque con una gran diferencia: la tranquilidad de la clasificación. Jorge Sampaoli testea de nuevo con insistencia el 3-1-3-1. Eso sí, la posición de Leo Messi es invariable y tiene libertad total.

Estructura de tres defensores con un pivote defensivo situado entre la salvaguarda y la línea medular. Libertad de movimientos para Messi. Rusia-Argentina 11/11/17

Messi de enganche, con capacidad para moverse por el campo y detectar la mejor posición de recepción. Dos jugadores abriendo bandas y una referencia arriba con la intención de fijar la defensa rival. Rusia-Argentina 11/11/17

Lo que parecía una utopía, es una realidad. Tanto el F.C. Barcelona como Argentina han superado los grandes problemas iniciales. En el fútbol no existen paréntesis ni treguas en el tiempo, pero sí se puede ganar un margen para la tranquilidad de los proyectos. Este margen cuelga directamente de los resultados: han llegado. Y no es exagerado decir que en los dos combinados lo lograron por Lionel Messi. Él ha capitaneado tal situación de desamparo para situarla en una zona mixta donde poder evolucionar. Estamos ya ante la última versión de Leo Messi. El Messi universal.

REALIZADOS LOS VUELCOS, APARECE EL MESSI UNIVERSAL (6.0)

Llegados a este punto, Messi ha alcanza su cénit como futbolista. A su nivel ya de por si inigualable, le añade un escalón más. El 10 azulgrana los sintetiza todos en uno y le añade un plus de 'entrenador personal'. Es como si tuviera un detector para interpretar qué toca en cada momento y, en función de ello, activa la versión de Messi que el partido pide. Es en el fútbol lo más parecido a la perfección futbolística que hay.

Un Messi, que ya era el centro de todo, lee e interviene. Muta al equipo. Cambia las constantes apariciones al centro por una zona fija en el centro. Lo que antaño se había convertido en sorpresivo, no lo era tanto pasadas tres temporadas. Ahora Leo vive en el medio y allí sitúa su "laboratorio". Él elige cuándo abandonarlo y adónde ir. Antes Messi decidía cuándo lo ocupaba, ahora resuelve cuándo lo vacía. Y eso ha repercutido en las dos fases del juego.

En la óptica Barça, el equipo ha pasado de ser extremadamente talentoso pero irregular a limitado en creatividad pero súper competitivo. Ha pasado del desequilibrio a ser equilibrado. Ello ha dotado de una solidez defensiva espectacular siendo el equipo que menos goles encaja del panorama europeo. Y aunque quedan mejoras evidentes en la fase defensiva, el cierre de bandas que ha provocado el centraje de Leo en medio, convierten a los azulgranas en un equipo súper potente de la presión.

Ante un Barça que, con la pérdida de Neymar, los condicionantes futbolísticos y las lesiones provocaron la falta de recursos ofensivos, Messi ha puesto la parte que falta. La deficiencia estructural se hace evidente en depender casi exclusivamente del talento de Leo. En contrapartida, la ponderación también del ataque.

Después de que en el curso 2016/17 se vieran 42% y 44% de los ataques por banda izquierda, la media azulgrana se ha reciclado en la compensación. El F.C. Barcelona pasa a intentar el 34% de sus acciones por la izquierda, el 28% de las evoluciones por el centro y el 37% de las progresiones ofensivas son por la derecha. Y quizá lo más invisible de todos, el mayor flanco de generación de goles se ha consolidado en la banda derecha.

Pero por el camino, el 10 azulgrana vive y convive en la variedad. Y ello le sirve para alcanzar este cénit futbolístico que la versión 6.0 tiene. Se acopla en un 4-4-2 que diseña Valverde, por momentos una especie de 4-2-3-1. Se doctora en recibir en todos los escenarios de partido, con multitud de estructuras tácticas, con rivales avanzados o contra contrincantes replegados. Ya lo tenía pero adquiere un conocimiento excelso de interpretación sobre dónde es mejor tomar el balón. En partidos cómodos del Barça, se centra en recibir entre líneas y, especialmente, detrás de los pivotes. Cuando el equipo tiene problemas para la salida o para la progresión de balón, baja a recibir el balón para el auxilio.

Este es un hecho que le suma mucho en su capacidad para sobrevivir ante las enormes estrategias que los rivales diseñan. Y no sólo le acrecienta en el entorno Barça (quizá con un entorno futbolístico mucho más estable), sino aún más en la atmósfera de Argentina, en el que debe interpretar más rápido y de una manera más imprevisible e individual. Si había algo mínimo por aumentar su potencial, este aumento ya es una realidad en el Messi universal. Leo Messi añade un entrenador en él. Hay jugadores que mejoran a cualquier equipo, muy pocos que lo conviertan en fantástico y sólo uno que lo trasforme. El Messi 6.0 es ese jugador-transformador. Lee, interpreta y compone la versión más adecuada para el objetivo. Hasta el momento, lo hacía todo bien. Con sus movimientos determina si el equipo juega en 4-4-2, 4-3-3, 4-2-3-1 o 3-4-3. El Messi universal simplemente lo hace todo.

Recibe entre líneas. Valencia - FC Barcelona 26/11/17

Recibe en el sector izquierdo en tres cuartos del campo. Valencia - FC Barcelona 26/11/17

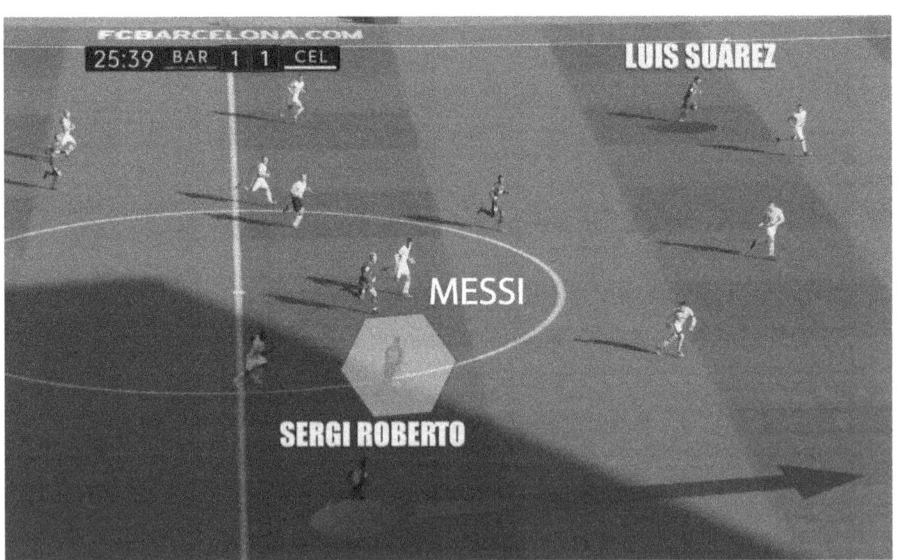

Viene a recibir en zona de organización y progresa. FC Barcelona-Celta de Vigo 2/12/17

El Clásico del 23 de diciembre de 2017 conlleva otra demostración de esta expansión futbolística extraordinaria. El F.C. Barcelona se asienta de manera regular en un 4-4-2 como plan. Por el contrario y, tomando buena nota de partidos anteriores en los que el astro azulgrana les había despedazado, Zinedine Zidane decide hacer un 2 vs. 1 sobre el futbolista.

Mateo Kovacic, que ya le había realizado un marcaje al hombre a Messi en la Supercopa de España, es alineado al lado de Casemiro con el objetivo de frenar el protagonismo de Leo en el partido.

2 vs. 1 entre líneas para un doble refuerzo en la zona de influencia de Messi. Real Madrid-F.C. Barcelona 23/12/17

Y realmente el Real Madrid consigue atajar los espacios y las conexiones hacia él de una manera efectiva en parte. Pero Messi, lejos de ser condicionado por una apuesta tan radical del rival para anular su participación, la interpreta hasta desatascarla paulatinamente. Es consciente de que arrastra con él dos marcas y una abandona su zona. En ciertas evoluciones, el remolque de oponentes es doble, así que actúa de manera invisible para desarbolar el partido. En su mapa de calor se aprecia cómo lee el partido en clave táctica. Renuncia a las zonas donde él es más fuerte para que el resto del equipo pueda aprovecharlas con superioridad.

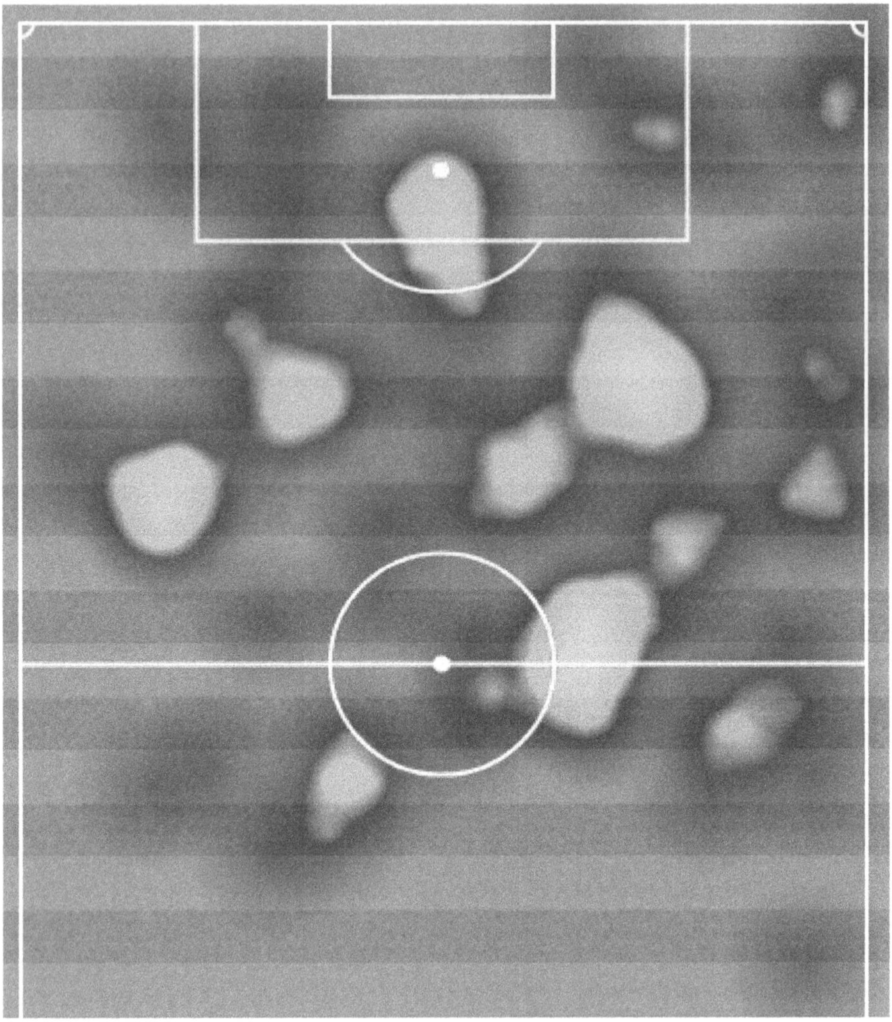

Mapa de calor de Leo Messi. Ante marcaje doble, sale de zona para crear espacios y superioridad para compañeros. Real Madrid - FC Barcelona 23/12/17

El ejemplo perfecto se da justo en el minuto 54 de partido cuando el 10 azulgrana juega con la obsesión en la marca de sus rivales y aparta a Mateo Kovacic de la trayectoria de su compañero Ivan Rakitic. Esta transición supone la ventaja para el F.C. Barcelona y el objetivo buscado por Leo.

Transición F.C. Barcelona, Messi aparta a Kovacic de la trayectoria del balón ofreciendo la ventaja a Rakitic, la jugada acaba en gol de Luis Suárez. Real Madrid - FC Barcelona 23/12/17

Messi consigue cambiar el partido y desatascar su situación. Un Madrid obligado por los puntos no tiene más remedio que dar un paso hacia adelante y abrir el espacio de incidencia. El 10 ha jugado dos partidos en uno. Transforma el planteamiento del rival para favorecer al conjunto propio hasta la llegada del primer gol. A partir de ahí, empieza un partido nuevo donde él sí puede ser ya protagonista activo. El mejor futbolista del mundo es también, sin ningún tipo de duda, el mejor intérprete de este deporte.

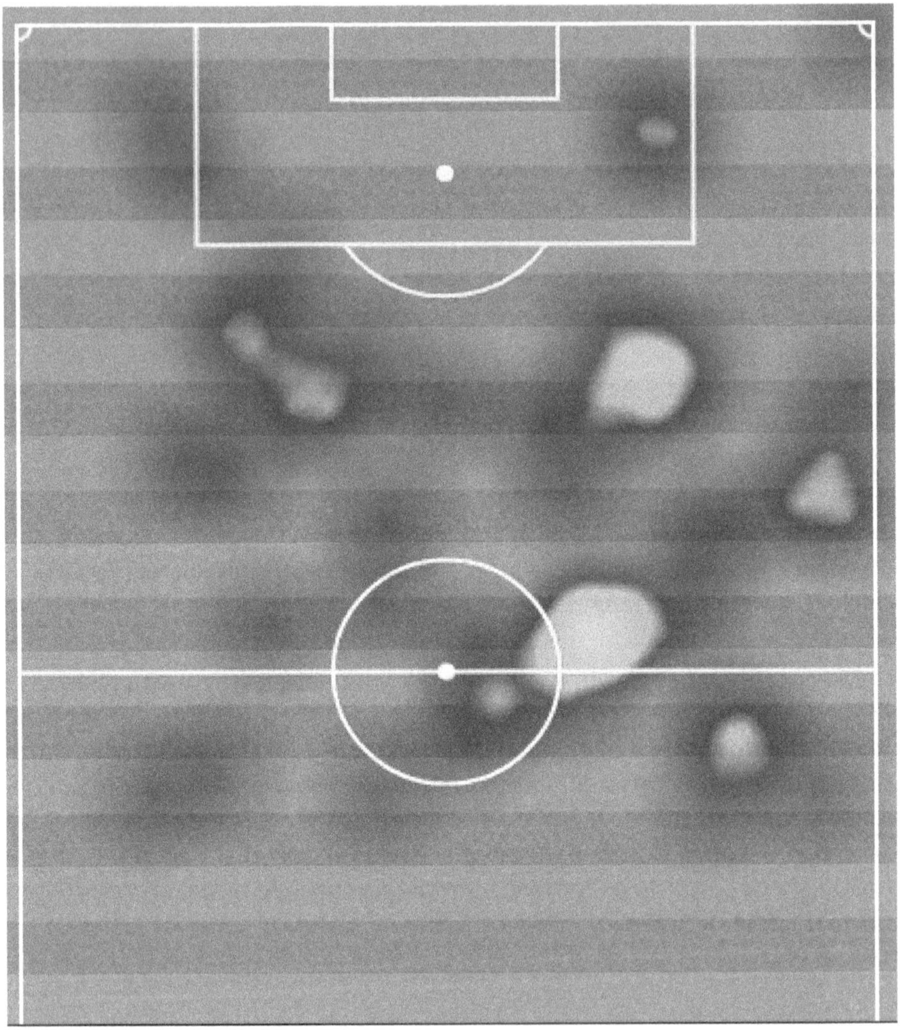

Mapa de calor de Leo Messi hasta el minuto 54. Libera el espacio central entre líneas y descarga, bien al espacio de organizador, bien a banda (consecución del 1-0 por Luis Suárez). Real Madrid - FC Barcelona 23/12/17

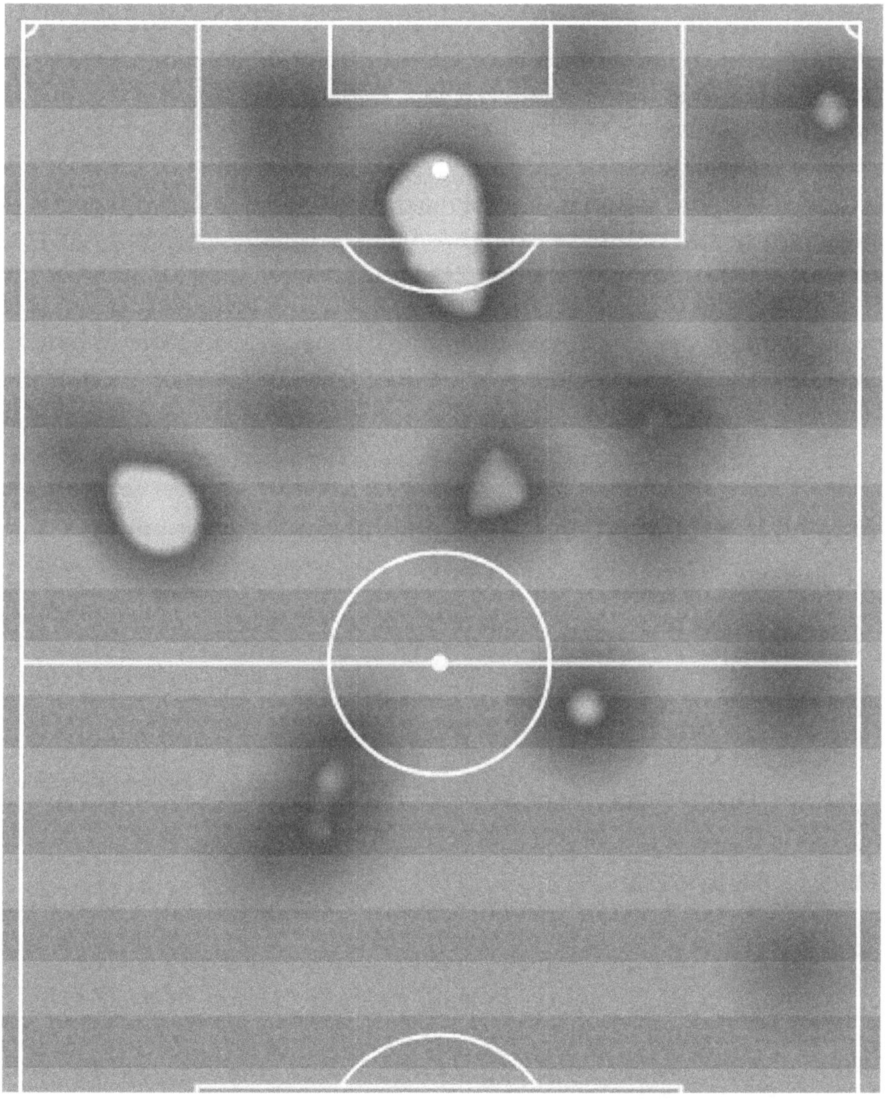

Mapa de calor de Leo Messi a partir del 1-0. Su enfoque ya tiene el área por objetivo. Cambio de plan: de liberador a finalizador. Real Madrid - FC Barcelona 23/12/17

El 10 azulgrana corona una actuación sublime, tanto por la forma como por el fondo. Analiza el partido y actúa en consecuencia. No le importa si es protagonista con el balón o sin él. Desarticula el planteamiento del contrincante con sus movimientos. Juega para el equipo. Lee los tiempos y, cuando el rival está ya noqueado, pone sobre el césped su versión individual. Desde el juego colectivo lidera el cambio de escena,

así como desde la individualidad acaba por decidir una vez más. Una actuación que tiene de todo. Quizá la más integral vista en un terreno de juego. El Messi universal es un hecho. Es una demostración continua de talento global. Su crecimiento ha llegado a su punto máximo. El cénit del genio es inigualable.

Los datos corroboran que es el máximo goleador del campeonato, el jugador que más pases clave da, quien más penúltimos pases de gol realiza, quien más desequilibra. Pero la figura del genio es tan grande que cualquier dato se reduce a secundario. Es ya una evidencia quién es el mejor jugador del mundo y el que tiene más jerarquía sobre un terreno de juego. La historia del fútbol ha hecho justicia y le ha coronado como el mejor.

Esta es la evolución: del Messi inicial al Messi universal

Messi 1.0 (Messi inicial)

Messi 2.0 (Messi época Rijkaard). Debut Espanyol – FC Barcelona (16/11/2004)

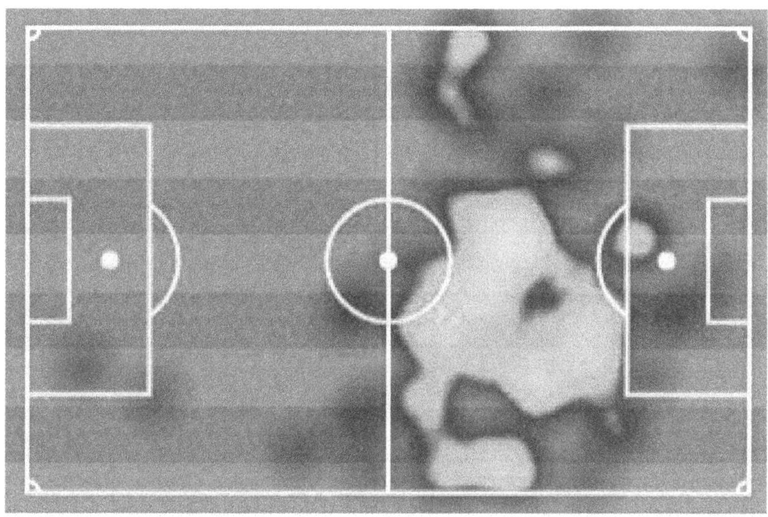

Messi 3.0 (El mejor Messi). Mapa de calor de Messi Real Madrid – FC Barcelona en la Champions League 27/04/11

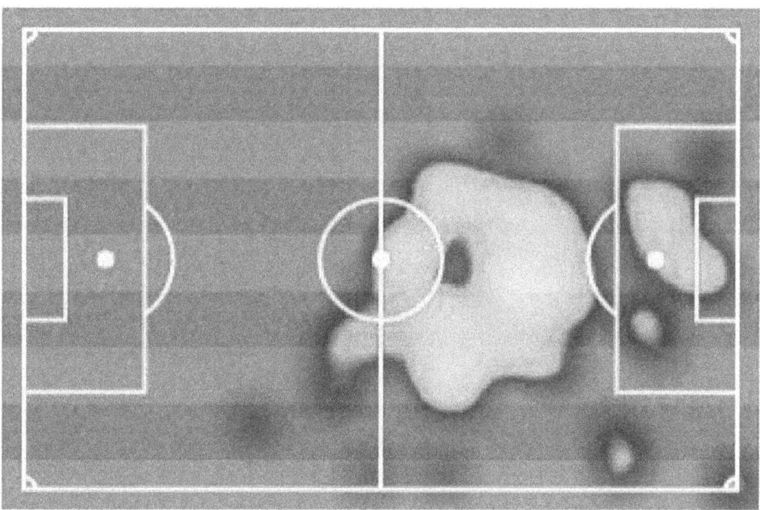

Messi 4.0 (Messi yin): Mapa de calor de Messi en FC Barcelona - Osasuna 27/01/13

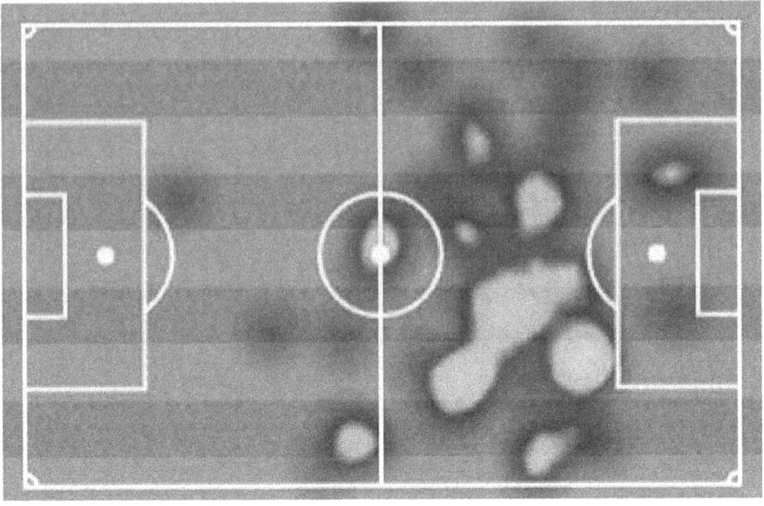

Messi 4.0 (Messi yang): Mapa de calor de Messi en FC Barcelona - Atlético de Madrid 17/05/14

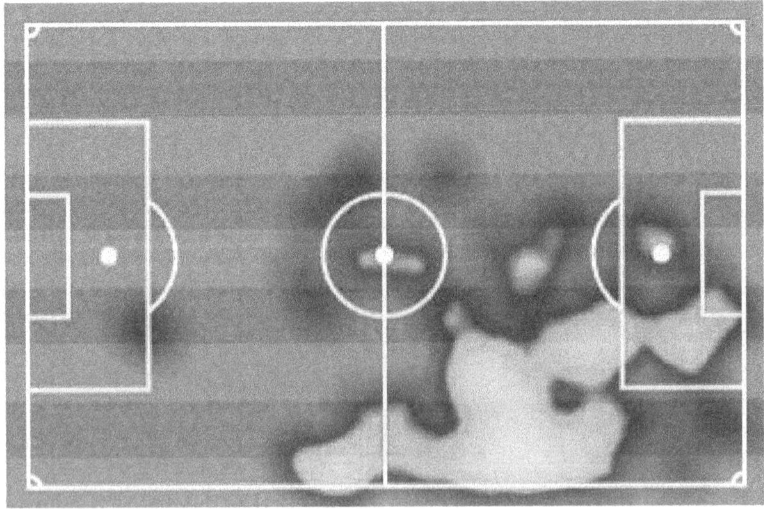

Messi 5.0 (Messi y el tridente): Mapa de calor de Messi en FC Barcelona - Atlético de Madrid 11/01/15

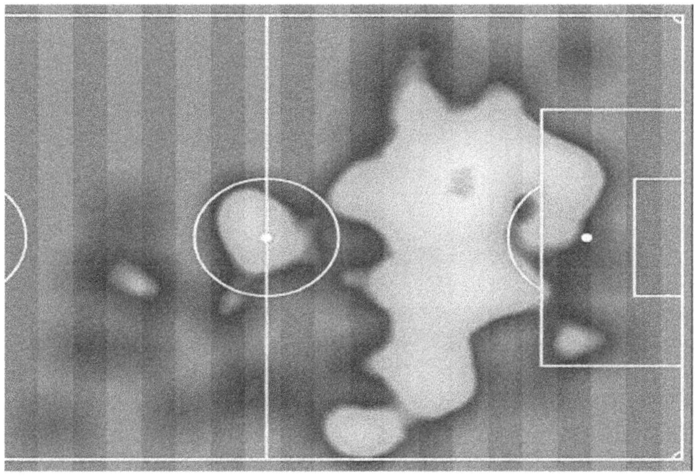

Messi Universal (Messi 6.0): Mapa de calor de Messi en Villarreal - Barça (10/12/17)

COVER

CAPÍTULO 9

BUSCANDO LA QUÍMICA

Con el Mundial ya en el horizonte la pregunta es retórica: ¿Por qué Argentina no consigue ver la descomunal versión del Leo Messi en el Barça? ¿Qué es lo que no encuentra el jugador en el engranaje albiceleste?

En este libro he apuntado muchos aspectos tácticos que influyen en ello. Obviamente que todos los factores son importantes pero, desde mi prisma futbolístico, hay un aspecto que está por encima de cualquiera de ellos: las complicidades. Si ya en el fútbol las asociaciones personales son vitales para que el plan funcione mejor, también lo son las complicidades jugador-equipo. Y Leo Messi es el jugador más diferente y determinante en el mundo del fútbol.

El argentino tiene en el F.C. Barcelona una química que no descubre en la albiceleste. Por supuesto no por voluntad, sino por lenguaje futbolístico. La gran mayoría de los jugadores azulgranas comparten la misma mirada del fútbol. La visión es exactamente la misma. Pero más allá de ello, el equipo construye su juego para enlazar con Leo. Todas las evoluciones de ataque tienen como objetivo acabar en Messi, para que sea él quien aporte la luz en el último tercio. Para el juego azulgrana no importan las basculaciones que el conjunto deba hacer. No busca ser rápido en su búsqueda sino clarividente. Se busca pacientemente hasta que se encuentra. Y cuando el equipo acaba contactando con él, se activa el subgrupo de las mini asociaciones de jugadores. Para que un ataque azulgrana no tenga su participación, el contrincante tiene que tapar todas las opciones de búsqueda continuada. Es decir, el Barça no cambia la velocidad hasta que no activa a su líder ofensivo.

En la selección de Argentina no es lo mismo. El combinado tiene claro que Leo es el referente y el líder. También lo busca aunque de un modo diferente. No existe el mismo *feeling* ni un trato equivalente en la jugada. La albiceleste también tiene por misión hallar al 10, pero únicamente en primera instancia. Se trata de una búsqueda limitada que se difumina si no aparece rápido.

En el ecosistema Barça, Messi encuentra una química total; con Argentina, ésta es parcial. Hasta cierto punto es lógico. Tanto las vivencias futbolísticas como las posibilidades de trabajo son exponencialmente mayores en el primer caso. Es un aspecto que surge claramente cuando se examina con detalle el juego de ambos combinados. La finalidad de este capítulo es la de ilustrar con ejemplos el nivel de complicidades.

No hay complicidad: Argentina-Venezuela (06/09/17)

El juego va de derecha a izquierda para finalizar en tal zona. Messi está situado en el flanco derecho. La selección no realiza ninguna basculación para buscar la conexión con él. En el F.C. Barcelona, son muchas las ocasiones en las que se realizan tantas basculaciones ofensivas como son necesarias para localizarle. Finalmente la jugada acaba en nada por banda izquierda.

Complicidad total: Atlético de Madrid-F.C. Barcelona (14/10/17)

Posesión rápida del Barça. Messi se encuentra ubicado en el sector derecho. El equipo roba en campo propio y en flanco opuesto. Se produce una cadena de pases diagonales a mucha velocidad para buscar a Leo. Todos ellos a ritmo de control-pase para proporcionar el balón al 10 con el máximo de tiempo posible para encarar. La jugada acaba en conducción definitiva de Messi y enlace a Rakitic. Ocasión de gol en área.

libro
futbol
.com
AL GOL SE
LLEGA LEYENDO

No hay complicidad: Argentina-Venezuela (06/09/17)

El esférico llega a Messi, que inicia el ataque. Empieza en individual hasta que decide tirar una pared que no vuelve. No hay continuación. Jugada interrumpida.

librofutbol.com
AL GOL SE LLEGA LEYENDO

CONMEBOL
efecty
PES2018
QUALIFIERS
CONMEBOL

CONMEBOL
efecty
PES2018
QUALIFIERS
CONMEBOL
PES2018

Complicidad total: F.C. Barcelona-Juventus (12/09/17)

Transición ofensiva del Barça conducida por Messi. Conducción a alta velocidad sin perder el control del balón. Llega a parte resolutiva sin ayudas. Busca a Luis Suárez, pero está con dos defensores del equipo italiano. Aparece Jordi Alba en subida sorpresiva por izquierda. Leo decide no jugar con él, pero utiliza futbolísticamente su movimiento para obligar al contrario a saltar al lateral azulgrana. La pausa le abre la línea de pase con Luis Suárez. Pared corta que el uruguayo le retorna de inmediato y finalización. Gol de Messi.

No hay complicidad: Argentina-Venezuela (06/09/17)

Messi busca pared de progresión abriendo a banda izquierda para eliminar contrario e incidir en zona decisiva. El balón no vuelve. Jugada acaba en centro y rechazo de Venezuela.

Complicidad total: F.C. Barcelona-Betis (09/09/17)

Messi lleva una transición ofensiva. Ante la situación de alta densidad de rivales que salen a su encuentro, lanza pared a banda para Gerard Deulofeu. Este le devuelve el balón de primera sin dudar para que el 10 finalice. Gol de Leo Messi.

libro
futbol
.com
AL GOL SE
LLEGA LEYENDO

betfair
Rakuten
Messi

betfair
betfair
betfair
Rakuten

betfair
betfair
betfair
Rakuten

No hay complicidad: Argentina-Uruguay (31/08/17)

Ataque estático de Argentina. Se produce una basculación con posesión de balón. No hay línea de conexión en primera instancia. El balón llega a banda y se produce un desmarque al espacio de Pizarro, que arrastra marca. Con ello se abre línea de pase para Messi. Acuña decide no dársela y opta por balón al espacio para el desmarque vertical. La jugada acaba sin peligro en servicio de banda.

Complicidad total: F.C. Barcelona-Olympiakos (18/10/17)

Ataque posicional del F.C. Barcelona con el rival (Olympiakos) cerrando líneas de pase en la parte más influyente. La primera mirada de apoyo de todo el equipo siempre es para Messi. Iniesta recibe y busca. No hay posibilidad de enlace con Leo en primera instancia. El transcurrir de la jugada y los movimientos abren una pequeña grieta para ello. Iniesta no duda en hacerlo y el balón va hacia el 10 azulgrana. Este controla de manera orientada a la vez que es objeto de falta en la frontal. Messi acaba convirtiendo el lanzamiento de la falta en gol.

Messi

No hay complicidad: Argentina-Uruguay (31/08/17)

Evolución ofensiva de la albiceleste. Se trata de enlazar con Messi en zona central por parte de pivotes. El 10 es seguido de cerca por su marca y tapado de una manera muy densa por dos ayudas más. Una situación muy común para él tanto en el F.C. Barcelona como en Argentina. La posesión de balón va a banda. No se produce una nueva circulación de balón para abrir una vía de conexión con Messi. De banda se decide hacer el cambio de velocidad para terminar. El resultado es un disparo lejano que se va alto.

Complicidad total: F.C. Barcelona-Betis (9/9/17)

Por una parte, el Barça, en ataque estático. Su rival (Betis) está pendiente de cerrar la zona donde incide Messi. El equipo azulgrana está con el claro objetivo de encontrar el enlace con el 10. Se realizan dos intentos (primero Rakitic y después Busquets). Ante la no aparición de pase, se sigue tocando e indagando otras líneas de pase que abran el espacio para la conexión. El equipo llega a banda, donde Jordi Alba no da continuidad al ataque y busca a Messi. Este realiza una maniobra de tocar y salir que es devuelta de inmediato. Messi finaliza en disparo exterior. Balón a la madera. Ocasión neta de gol.

Messi

No hay complicidad: Argentina-Perú (5/10/17)

Argentina inicia el juego en banda izquierda después de una recuperación de balón. Messi acompaña la jugada por el centro. Messi no está libre de marca pero durante el proceso de la misma se abre línea de pase. El Papu Gómez puede emprender acción individual o calmar ataque para que la basculación le llegue a Leo. Decide ser directo en acción de 3 vs. 1. El ataque se vuelca directo con conducción y centro por la citada banda. La jugada acaba en las manos del portero de Perú.

CONMEBOL

CONMEBOL

Complicidad total: F.C. Barcelona-Málaga C.F. (23/10/17)

Otro claro ejemplo del cambio de enfoque entre el conjunto azulgrana y la albiceleste. Como en la jugada anterior, se trata de una posesión propia donde la línea de pase con Leo Messi se encuentra ocupada. Ivan Rakitic la busca con la mirada y lo aprecia. En lugar de buscar ataque directo, prosigue al otro sector de campo. El Barça madura la jugada siempre con la atención activada por si se abre el canal de Messi. Finalmente, el 10 azulgrana aleja poco a poco a los rivales cercanos dejándose caer sutilmente en medio de ellos. Javier Mascherano lo detecta y activa solución de pase con Leo. A partir de ahí, todo desemboca en la magia del argentino. Una nueva demostración de que la complicidad Barcelona-Messi agota todas las posibilidades de encontrar a su líder futbolístico. A todo ello, la jugada acaba en asistencia de Messi para el gol de Andrés Iniesta.

Argentina tiene mucho margen de mejora y muy poco tiempo para intentar igualar este nivel de complicidades. Aun así, cualquier pequeña ganancia en la química selección-Leo Messi no será una suma de propiedades, sino que será una multiplicación exponencial de las posibilidades de éxito albiceleste.

CAPÍTULO 10

VISIONES EXTERNAS

Sique Rodríguez es uno de los mejores periodistas del país. Es director de Deportes de Cadena Ser Catalunya y presentador del programa Què t'hi Jugues, en la misma cadena. Joven pero ya con una buena dosis de experiencia en todo ello, es un gran conocedor del entorno de Leo Messi, así como de las entrañas del F.C. Barcelona. Una voz más que autorizada.

—¿Cómo crees que llega mentalmente Leo Messi al Mundial?

—Maduro. Está en la edad ideal. De hecho, celebrará su 31° cumpleaños en plena primera fase del Mundial. Esta edad y su experiencia le permiten ser consciente del presente y haber aprendido del pasado. Se dosifica y es inteligente futbolísticamente. Además, es padre y eso seguro que le da serenidad. Messi sabe que la mejor manera de prepararse para el Mundial es hacer una gran temporada con el Barça. Eso implica ser decisivo con su equipo, pero no querer jugar siempre todos los partidos. Messi lleva trece temporadas rindiendo al más alto nivel, jugando más de 60 partidos cada año. Es una barbaridad. Su regularidad es lo que le hace el más grande. Y la relación entre Messi y Argentina ha sido convulsa, lo que demuestra que Messi vive Argentina con pasión. Ha ganado un oro olímpico y ha sido subcampeón del mundo, pero hará las paces definitivas con Argentina si gana el Mundial. Dominar la tensión del ambiente y el estrés que conlleva será clave, pero Messi tiene una capacidad asombrosa para aislarse del entorno cuando se mete en un campo de fútbol.

—¿Por qué crees que puede sentirse más cómodo en el F.C. Barcelona que con la selección argentina?

—Porque en el Barça entrenas cada día y puedes preparar mejor los movimientos tácticos y crear un equipo. En una selección hay pocos días para trabajar y, por tanto, es difícil hacer un bloque sólido. Además, en el Barça ha coincidido con jugadores muy buenos que han respetado su jerarquía y que le han entendido futbolísticamente. Son los casos de Xavi, Iniesta o Luis Suárez. Muchos jugadores trabajan para Messi. Rakitic, por ejemplo, cuando llegó se preocupaba, básicamente, de estar pendiente del movimiento de Messi para ocupar el espacio que dejaba libre. Y como un día me dijo él, lo hacía encantado porque Messi era el mejor y le hacía ganar títulos. No es fácil coincidir con buenos futbolistas y que respeten las jerarquías. En Argentina, me da la sensación de que cada uno ha hecho la guerra por su cuenta. Su fútbol era un caos. No ha sido tan organizado como en el Barça. Espero que en el Mundial, con Sampaoli, el equipo juegue bien. Si Argentina está organizada, Messi será decisivo. De hecho, lo ha sido incluso cuando Argentina no ha estado bien organizada. Con un poquito más de suerte, ya habría ganado el Mundial.

—¿Qué significa este Mundial para el Leo Messi futbolista? ¿Y para el Leo Messi persona?

—A nivel futbolístico es lo máximo a lo que puede aspirar. Es lo que entiendo que quiere cualquier jugador. Además, el Mundial es el título que le falta. Messi tiene Ligas, Champions, Balones de Oro. Pero le falta el trofeo más trascendente a nivel mundial, el que más se recuerda en la historia. A nivel personal, estoy seguro de que es el título que más tiene en la cabeza. Él lleva muchos años en Catalunya, pero se siente muy argentino. Darle una gran alegría a su país es uno de sus grandes objetivos. Messi quiere, de algún modo, hacer las paces con Argentina.

Ricard Torquemada es licenciado en Periodismo y analista de fútbol en la TDP de Catalunya Ràdio, así como de TV3 (Televisión de Catalunya). Comenzó su carrera en Marca Catalunya, pasando por el diario Sport hasta que llegó a Catalunya Ràdio en 1996. Ha escrito artículos en los periódicos El País, Mundo Deportivo, Diari Ara, entre otros. Para mí, el mejor analista futbolístico del país. Fue el pionero en crear esta figura ya hace más de 15 años. Además, es autor del libro Fórmula Barça de Cossetània Edicions.

—¿Cómo crees que llega Leo Messi al Mundial?

—Creo que llega bastante bien. Ha aprendido de la experiencia del Mundial de Brasil 2014. En ese año, en plena temporada de Martino, no encontró el momento ni el punto de forma que buscaba. Diría que hasta ha perdido ese punto de obsesión que tenía y eso es positivo. Lo veo mucho más maduro. Entra conscientemente al tema de las rotaciones

y las entiende como parte del proceso para estar mejor. Siempre había pensado que el Mundial de Brasil seria el suyo pero, visto en perspectiva, creo que llega mejor a Rusia. Sobre el papel, un futbolista está en un punto ligeramente mejor a los 27 años que a los 31 pero en su caso no es así. Está en plenitud. Tiene mayor capacidad para afrontar un reto con naturalidad.

—¿Cuáles crees que son futbolísticamente los puntos más fuertes del Messi actual?

—Su madurez y comprensión del juego. Sigue teniendo un desequilibrio espectacular, cada vez conoce mejor sus virtudes y sus limitaciones. Es decisivo en el último tercio y ha aprendido a dosificarse defensivamente. Sin dudas, su mayor fortaleza está en el conocimiento del juego y, con ello, saber cuándo y cómo poder crear peligro. De diagnosticar qué requiere el equipo y qué contexto le va mejor para su propia incidencia en el juego.

—¿Crees que debe cambiar algo Argentina para conseguir este campeonato?

—Sobre todo, el aspecto mental, y creo que lo hará. La durísima fase de clasificación que ha soportado Argentina hará que llegue muy fresco. Estoy convencido de que será su Mundial. La fase de mayor sufrimiento ya la ha pasado. La albiceleste tiene un muy buen entrenador en Jorge Sampaoli, que sabe sacar rendimiento y que tiene recursos. Además, ha abierto mucho la lista de convocados o seleccionables para realizar una buena mezcla. Creo que el técnico cambiará seguro alguna cosa aunque es difícil imaginarlo. Buscará y rebuscará para conseguir lo que es evidente una gran tarea: un medio del campo que pueda conectar con Leo Messi y trasladarle el balón con ventaja.

Natalia Arroyo Clavell es periodista, ex jugadora y entrenadora. Actualmente seleccionadora femenina de Catalunya Absoluta y sub-16, así como periodista en el Diari Ara. También es colaboradora de otros medios de comunicación como Ser Catalunya, Rac 1 o BeIN Sports. Desde mi punto de vista, una analista de fútbol fantástica y con una mirada táctica muy interesante.

—¿Crees que debe cambiar algo Argentina para conseguir este campeonato?

—El proyecto de Jorge Sampaoli en Argentina tuvo que crecer desde la urgencia. Desde la necesidad de clasificarse. No hay equipo que pueda establecer unas buenas bases de juego en semejante contexto de prisas, exigencia y resultados. En este sentido, creo que Argentina ha priorizado mecanismos ofensivos que no casan con la idea de Sampaoli y que,

en parte, han suavizado lo que habitualmente no negocia. De cara al Mundial, imagino una Argentina con más intención de dominar el juego desde atrás y desde el orden. Me imagino una Argentina posicionalmente más poderosa, más activa, menos atada a lo que permita el rival y mucho más protagonista. Eso va a depender de cómo lleguen los principales activos de la plantilla, pero creo que Sampaoli va a buscar de qué manera puede hilar más su juego para llegar a Messi. Él no tiene que recoger, él tiene que recibir. No necesariamente mucho, basta con que reciba bien. Y eso pasa, en gran parte, porque no se le vea en la base para participar, ni en la frontal para rematar lo que otros no rematan. Pasa, sencillamente, porque haya un ecosistema que le potencie y que le permita potenciar a los demás. Hay un par de sociedades que deben hacer fuerte a Argentina de cara a Rusia: la de Di María desde el costado y la de Dybala como socio alimentador de Messi por dentro. La Argentina que les mezcle bien, será más candidata de lo que es ahora.

—Como entrenadora, ¿crees que le puede beneficiar que el rendimiento de la albiceleste en la fase clasificatoria haya presentado muchas dudas?

—No sé hasta qué punto influyen los partidos de clasificación en los planteamientos de los rivales cuando se trata de arrancar con el Mundial. Los entrenadores van a basarse en lo último visto, en los amistosos de preparación. Quizás, de reojo, se fijen en esa manera urgente de competir que tuvieron hace meses, porque puede dar información sobre algo que se puede ver en el minuto 70 si las cosas no van. A partir de ahí, sí que creo que el contexto de dudas, ergo, de no presión, puede liberar a Argentina del peso que asume por el hecho de contar en sus filas con el mejor jugador del mundo. Messi atrae y Messi arrastra, y con eso juega Argentina. Porque también juega con él, y eso va a resolverle muchas cuestiones cuando el colectivo se atasque. Quizás pueda influir mucho más que Messi tome consciencia de que es teóricamente su último Mundial en plenitud.

Bruno Alemany es periodista deportivo en la Cadena Ser. Forma parte del equipo de Carrusel Deportivo y de El Larguero. Así mismo, es el director del programa Play Fútbol en la misma emisora. También es coautor del libro El Cielo es blanquiazul. 21 historias del 21. La opinión que tengo de él es realmente muy alta. Para mí, el mejor experto de fútbol internacional del país y una persona que ve muy bien el juego.

—Como gran experto en fútbol internacional, ¿cuáles crees que son las selecciones favoritas al Mundial?

—Creo que hay tres o cuatro selecciones que parten con ventaja respecto al resto. Alemania es un equipo hecho. Da la sensación de tener los automatismos tan aprendidos que, en su funcionamiento, parece más un club que un combinado nacional. Además, el trabajo que desde principios del siglo XXI se ha realizado en categorías inferiores, profesionalizando los clubes al máximo y dándole al trabajo táctico la importancia que no parecía tener años atrás en Alemania, la han dotado de un inagotable talento que surge de abajo, jugadores jóvenes pero que pueden rendir desde el primer minuto si así lo cree necesario Joachim Löw. El seleccionador tiene un grupo de jugadores contrastados (Neuer, Hummels, Kroos) y una legión de jóvenes talentos (Kimmich, Weigl, Goretzka) con los que hacer una mezcla, a priori, casi imposible de batir. Brasil es la selección que deja más sensación de solidez. Desde su llegada, Tite ha priorizado tener un equipo compacto, con las líneas juntas, dejando que el talento de los cracks de arriba y la pegada hagan el resto. Hay que añadir que Neymar llega en un momento idóneo. Ya no solo es el líder de su selección, es el líder en su club y tiene el reto de intentar ser el mejor del mundo. Y mejor cartel que un Mundial para demostrarlo es imposible. La tercera en discordia es la España de Lopetegui. A pilares básicos que ya había asentado Del Bosque, como la pareja de centrales Piqué-Ramos, Busquets de mediocentro o De Gea en portería, el nuevo seleccionador de La Roja le ha introducido variantes tácticas interesantes. España es un equipo con más movilidad y algo más vertical que en los últimos tiempos. Y Lopetegui ha trabajado con diferentes dibujos, lo que ofrece a la selección española un nivel de imprevisibilidad que antaño no tenía. Y ha irrumpido Isco, del que se espera que sea uno de los jugadores del Mundial, porque seguramente ya está cerca de estar entre los cinco mejores futbolistas del mundo. Argentina ha dejado la impresión de no estar preparada para enfrentarse a selecciones así. Pero tiene a Messi y eso es mucho decir. Si Sampaoli consigue que el resto de jugadores lleguen a Rusia en un estado anímico de calma y alejado de la histeria de los últimos tiempos, Argentina es candidatísima. Si no, lo tendrá muy complicado.

—Qué rol crees que tendrá Messi en el engranaje global de la selección?

—Sampaoli ya ha utilizado diferentes dibujos, pero en todos hemos visto una versión similar de Messi. Da la sensación de que el técnico argentino quiere un punta por delante del 10, hace falta ver si es un delantero con más movilidad o uno que fije más a los centrales para dotar a Leo de más espacio. Sampaoli quiere a Messi donde es letal, en el balcón del área. Allí, Leo puede acercarse realmente al gol y, sin desnaturalizar en exceso al equipo, bajar a recibir y asociarse si los caminos para acce-

der al 10 cerca del área tienen demasiados obstáculos. Estoy convencido de que Sampaoli va a intentar, hasta el último momento, encontrar una Argentina que sea capaz de hacer llegar el balón a Messi en ese sitio donde si recibe con mínima ventaja ya es absolutamente imparable: la frontal del área. Veremos si lo consigue.

—¿Hacia dónde crees que debe enfocar Jorge Sampaoli las líneas maestras de su combinado en este torneo?

—Si Sampaoli persiste en la idea de que Argentina sea un equipo que lleve la iniciativa y agresivo en la presión, debe ajustar algunas cosas. Casi siempre está utilizando una salida de balón con tres centrales. Creo que ahí la inclusión de Mascherano entre los tres se hace obligatoria. Las conducciones del jugador del Barça y sus pases tensos para superar líneas de presión de los rivales deben ayudar, aunque sea mínimamente, a mejorar un inicio del juego que con Fazio, Otamendi o Mercado ha sido bastante deficiente. Debe encontrar un centro del campo mixto, que sea capaz de ser agresivo para robar en campo contrario (contexto ideal para Messi, porque la defensa rival está desprevenida), pero que al mismo tiempo sepa qué hacer con el balón. El acierto en el pase y la capacidad para mover y desordenar al rival también serán clave y, pese a su gran rendimiento frente a Ecuador, me cuesta creer en que Argentina pueda ganar un Mundial jugando con Biglia y Enzo Pérez en la sala de máquinas. Y, para concluir, señalaría a Dybala. Es un cubo de Rubik que Sampaoli tiene que resolver antes de que empiece el Mundial. El crack de la Juventus es, en muchas cosas, un jugador muy parecido a Messi (radio principal de acción y características técnicas), pero eso no significa que no puedan jugar en un mismo equipo. Renunciar al talento (y los goles) que tiene Dybala en sus botas parece un lujo demasiado caro para una Argentina raquítica de talento. Dybala no es un jugador rápido y no tiene entre sus principales virtudes el desmarque al espacio. Eso complica el encaje con Messi, porque la manera de que se encuentren es asociándose en corto y eso, hasta el momento, no ha funcionado por más empeño que haya puesto el seleccionador de la albiceleste. Es un reto mayúsculo, pero si Sampaoli da en la tecla, puede haber encontrado oro.

Marc Guillén es actualmente el analista técnico de las retransmisiones de los partidos del F.C. Barcelona en Rac1. De hecho, es el analista futbolístico de la emisora. Es productor de Zoomsport. Así mismo, colaborador en programas deportivos en Esport3. Antes estuvo en Barça TV. El seguimiento de los partidos del F.C. Barcelona se remonta al 2005 y tiene un análisis claro, sencillo y altamente comprensivo del fútbol. Una opinión remarcable.

—¿En qué punto de su carrera crees que le llega este Mundial a Messi?

—Le llega en su punto más alto de maduración y experiencia. Ya no es el jugador capaz de hacer *slaloms* increíbles durante los 90 minutos, pero mantiene una efectividad superlativa en el *dribling*, un remate preciso y sobre todo tiene una comprensión del juego diferencial. Por muy bueno que seas, solo puedes decidir partidos de forma tan constante si sabes leer mejor que el resto lo que necesita el juego en cada momento. Es por eso que creo que es tan necesario que Argentina arme un bloque que Messi pueda dirigir y ayudarse para sacar a relucir todas sus cualidades. Seguramente él solo ya no puede marcar tres goles en cada partido (Messi me ha enseñado que nunca puedo descartar nada), pero si tiene un equipo a su lado, sí que estoy seguro que Messi te garantiza dos o tres goles a favor en cada partido.

—¿Crees que su bagaje y la experiencia vivida durante este curso puede aportarle un extra?

—Creo que este curso sobre todo le va a servir para llegar más fresco físicamente que en anteriores torneos. Estoy muy en contra del típico comentario que los jugadores se reservan con los clubes antes de un Mundial, pero sinceramente creo que este año Messi lo va a hacer. Él es consciente que esta Copa del Mundo es seguramente su última oportunidad de redondear su palmarés y a su edad, creo que habrá comprendido que tiene que hacer una preparación física pensando en llegar a su estado óptimo al Mundial. Messi con chispa en el cambio de ritmo es incontrolable para cualquier defensa.

Albert Morén es una de mis debilidades. Se trata de un analista futbolístico de referencia en el entorno Barça. Aporta un enfoque magnífico que combina con literatura. Colabora con Ecos del Balón y El 9 y medio, y ha participado, también, en Play Fútbol de Cadena Ser, The Tactical Room, La voz de Garrincha o Revista Panenka, entre otros. Podemos leerle en www.eumd.es. Una perspectiva inmejorable para preguntarle acerca del 10.

—¿Cómo crees que llega futbolísticamente Leo Messi al Mundial?

—Leo Messi llega al Mundial habiendo superado ya la treintena, lo cual habla de una doble realidad del argentino distinta con respecto a anteriores citas. Por un lado, a nivel físico, está claro que los picos en cuanto a explosividad y constancia en los esfuerzos prolongados ya han quedado atrás. Leo no es ese jugador que de forma sistemática puede coger el balón en mediocampo y trazar un *slalom* infinito hacia portería una y otra vez a lo largo del partido. Ahora tiene que seleccionar los momentos para hacerlo porque, en este tipo de acción de gran desgaste físico, tiene menos balas que antes en la recámara. En cambio, lo que ocurre es que los años le han sumado madurez a su interpretación del juego. Ahora lo lee todo, lo entiende todo, y su influencia es mucho más global en los partidos de la que podía tener siendo más joven. Es algo que se observa con mucha claridad en la evolución que ha tenido en el pase. Si el primer Messi era un Messi eminentemente regateador, el actual es un pasador consumado que exhibe un rango en el envío verdaderamente espectacular. Con su bota izquierda puede activar cualquier rincón del campo y a cualquier compañero por lejos que se encuentre. Está en permanente diálogo futbolístico con todo el terreno de juego. En el Mundial, seguramente afrontará el reto más complejo que se le ha presentado hasta la fecha, pero lo hará siendo el Messi más maduro hasta hoy.

—Dentro de todo el amplio repertorio de fortalezas que tiene, ¿cuál crees que debe potenciar en el contexto albiceleste?

—Aunque pueda parecerlo, no es una cuestión simple, porque Messi lo permite todo. Es un futbolista al que puedes pedirle que asista, que regatee, que finalice... por eso, en parte, su carrera también puede leerse como la sucesión de elecciones que han hecho sus entrenadores a propósito de esas posibilidades que permite Leo. Hay quienes lo han apostado por acercar a Messi al área para que sus gestos estén directamente relacionados con la definición y los goles, otros lo han retrasado algunos metros para que su técnica y lectura vistiese el mediocampo a la hora de permitir al equipo ganar metros. Yo personalmente siempre prefiero a Messi cerca del gol, por el simple hecho de que, de todos, el finalizado me parece el Messi más valioso. Entre que sea él quien dé un pase de gol a un compañero, o que sea el compañero quien le dé el pase de gol a él, me quedo con lo segundo, pues no encuentro en el fútbol un mayor argumento ganador que Leo Messi frente a un portero. Lo que ocurre es que a veces esto está relacionado, también, con lo que pueda ofrecerle su equipo, y aunque Argentina tiene hombres con los que construir algo que le facilite a Leo un contexto más acogedor, lo cierto es que no tengo claro que de cara al Mundial llegue en disposición de hacerlo. Quizá Argentina, ante la dificultad de encontrar quién le sirva ese pase de gol a Messi, deba apostar porque sea Leo quien los dé.

—Si fueras Jorge Sampaoli, ¿cómo enfocarías tácticamente a Argentina para aprovechar el talento del mejor futbolista del mundo?

—Es una pregunta que tiene mucha relación con lo que comentábamos antes. A mí se me hace difícil pensar en una Argentina que no necesite a un Messi que asuma mucha responsabilidad trasladando el balón hacia arriba y generando las ocasiones de gol, y creo que la mejor forma de potenciar el pase de Leo es dándole futbolistas que puedan recibirlo

al espacio, especialmente en banda izquierda que es hacia donde de forma más natural se orientan sus envíos largos. Ahí siempre ha encontrado muy buenos aliados en el desmarque, desde Thierry Henry a Jordi Alba pasando por David Villa, Cristian Tello o Neymar. En general, hombres que puedan moverse por delante suyo para que sus pases tengan la opción de avanzar. Después, evidentemente Messi siempre agradece tener cerca a alguien en quien apoyarse, alguien con quien buscar la pared para, así, orientarse hacia portería contraria. Alguien al lado que se la devuelva y alguien delante que se la deje de cara, sobre todo si los rivales apuestan por adelantar la línea defensiva con tal de alejar a Leo del área. Esto es lo ideal, pero ya digo que no tengo claro que Argentina llegue al Mundial en condiciones de dárselo, algún tipo de mecanismo o recurso para superar las primeras alturas del mediocampo sin necesitar que Leo intervenga tan abajo. Así pues, en la piel de Argentina, trataría de darle a Messi un socio cercano, ya fuera desde el lateral, el interior o el extremo, una referencia móvil por delante que no le cierre el acceso al área, y un socio lejano en la izquierda en quien poder descargar el pase cruzado. Para mí, antes que el dibujo concreto, estarían estos tres perfiles y el extra, quizá quimérico, de un avance autosuficiente hasta la zona de tres cuartos para que cuando reciba el balón lo haga en los metros más decisivos.

Hablar de Ignacio Benedetti es hacerlo de uno de los más conocidos periodistas deportivos de América Latina. Sus escritos siempre sorprenden por la manera en que mezcla su grandísima escritura con su manera de visionar este deporte. Condujo el programa de TV Fútbol al día durante siete años. En radio estuvo en La Vinotinto.com, en el extinto circuito radial CNB, Balón en Juego por Deportiva 1300 y el programa Zona Fantasy. Ha comentado por radio y TV, desde 2004, mundiales de fútbol, varias Copa América, Euros y Libertadores. Escribe para The Tactical Room en su fantástica correspondencia de un náufrago, y fue columnista en el diario deportivo Líder en Deportes, en www.elestimulo.com, la revista Clímax y otros medios. El venezolano aporta una opinión de lujo con un enfoque fantástico para una visión global del desafío de Messi.

—¿Por qué crees que la relación de Argentina con Messi siempre ha sido una relación de dudas constantes?

—Como todo, esto tiene un inicio, un disparador, y en el caso de Messi este no es otro que su nula conexión con algún club de aquel país. Si bien es cierto que dio sus primeros pasos en Newell's Old Boys, apenas jugó hasta que cumplió los 12 años, por lo que su relación con el club tiene que ver más con una aspiración a futuro que con un pasado que lo condicione. Entonces no goza de la protección de tal o cual hinchada. Algo similar, aunque en una proporción mucho menor, vivió Diego Simeone. Entonces a Messi se le ve casi como a un cuerpo extraño, a alguien ajeno a las costumbres futboleras de su propio país. Por otro lado, Lio no da entrevistas, y esto genera irritación en la canibalesca lucha del periodismo por hacerse notar. Esto genera que algunos, con fines nada transparente, y apoyados en los grandes altavoces, alimenten una polémica sin sentido, en la que se cuestiona hasta cómo se comporta mientras suena el Himno –ya se sabe que en algunos países se presume de patriotismo porque no hay otros valores que puedan ser exhibidos-. No se discute a Messi por su juego, sino por lo que deja de ser fuera de la cancha. Pero hay otro elemento que vengo considerando desde hace un par de años, cuando empecé a emparentar a Messi con Johan Cruyff y no con Diego Maradona. El público culé no advierte que al hacer este ejercicio se atente en contra del ideario de "la nación blaugrana". Por el contrario, sienten orgullo de que ambos sean pilares de la historia del club. Pero en Argentina, al igual que ha sucedido en Brasil con el legado de Pelé, todo aquel que se destaque futbolísticamente es castigado, casi inmediatamente, con las referencias hacia Maradona. Lo que diferencia a la Argentina del resto de las sociedades futboleras, incluso Brasil, es que a Maradona se le tiene en un altar y su leyenda supera a la obra de aquel maravilloso jugador que ayudó a conquistar la segunda Copa para su país; Diego es en el inconsciente colectivo un libertador y, al mismo tiempo, un espíritu libre que llegó para reivindicar a los relegados, a los desposeídos, a las víctimas de los poderes de siempre. Con el perdón que merece la exageración, Pelusa es para un nutrido colectivo una especie de mix entre Eva Perón con José de San Martín. Y esto oscurece todo lo que Messi haga o intente hacer vestido de albiceleste. Mientras el mundo entero se rinde a los pies de Lionel, en Argentina se le observa con desconfianza, se le tiene como un atrevido que puede atentar en contra del trono que ostenta Maradona. Por ello le exigen ganar un Mundial y, seguramente amparados en los mismos sentimientos de sospecha, se inventaron aquello de que Diego ganó el Mundial del 86 en solitario; convirtieron a aquella gesta en algo inalcanzable para el resto de los mortales, un imposible. Todo eso le llega al equipo, que ante semejante carga emocional, se entrega a Messi, convirtiéndolo en Alfa y Omega del juego albiceleste, algo que ni el mismo Maradona fue.

—¿Qué significa este torneo para Argentina?

—En lo futbolístico no creo que signifique nada especial. O, mejor dicho, este Mundial no es diferente a los anteriores. Argentina lo jugará bajo la condición de candidato que siempre ha tenido, por lo siento que la sensación no será muy distinta para aquellos futbolistas con experiencia. No puede olvidarse que desde hace muchas décadas esto ha sido así, y su complicado tránsito por las Eliminatorias no cambiará la percepción del mundo sobre el potencial albiceleste. Pero existen otras miradas. Este Mundial puede ser el último de varios futbolistas, inclusive para Messi, lo que aumentaría aún más la ansiedad de los que opinan y tratan de influir, siempre desde afuera y desde el show. Todo ese mix de emociones jugará un papel imposible de prever: cada ser humano es un mundo en sí mismo y como integrante de un colectivo, ese mundo cambia. El futbolista que en solitario goza de solidez emocional puede verse muy afectado si el contexto lo invita a ser algo totalmente distinto a lo que es. Con esto quiero llegar a un ítem, que en mi limitada percepción siempre es interesante de advertir: la tortuosa relación del plantel con la prensa. Se repite como un mantra, casi como una verdad absoluta, que una de las razones por las que aquel equipo del 86 ganó el Mundial fue gracias a la identificación de un 'enemigo en común', que no era otro que el periodismo. Incluso se hace mención a la Italia del 82 como otra muestra de aquello. Según esta teoría, Maradona y los suyos querían ganar para callar a los críticos que los habían destrozado antes del torneo mexicano. Pero lo que muchos olvidan es que estamos hablando de seres humanos. Si aceptamos que es imposible adelantarnos a las reacciones individuales y que los estudios que hasta el momento se han realizado sobre nuestra especie son una guía y no un recetario, no puede tomarse en serio a quienes elaboren una lista de ingredientes que harán de un equipo el equipo campeón. Nadie sabe si esos conflictos traerán consecuencias positivas, o si por el contrario, tanta concentración en la periferia será contraproducente. Sí siento que para Jorge Sampaoli, seleccionador argentino, es un torneo muy especial, pero esa es harina de otro costal.

—¿Qué crees que representa este Mundial para Leo?

—No creo que Messi necesite un Mundial para sentarse en la mesa de los más grandes. Ese espacio ya lo ocupa con sobrados méritos. Luego que cada quien decida si es el más grande o no, al fin y al cabo esas son discusiones sin mayor sustento que los gustos personales. Por otro lado, es muy posible que Lionel sí sienta alguna deuda, algún peso o la necesidad de saldar cuentas. No nos confundamos: este compromiso al que me refiero es consigo mismo y no con el periodismo o el público. No creo que haga de esto una causa patriótica ni mucho menos. Querrá ganarlo porque siente que la última vez estuvo muy cerca y se le escapó casi en el último suspiro y, sobre todo, porque todos los deportistas compiten siempre con la intención de vencer. Messi ha demostrado durante toda su carrera que es una bestia competitiva, un tipo que no le teme a los nuevos retos y que incluso, aunque pase desapercibido, se ha reinventado varias veces para transformarse en lo que hoy es. Tengo la impresión de que luego de haber conseguido el boleto al próximo Mundial, Lionel tiene entre ceja y ceja encontrar cuál de sus tantas versiones sería la más adecuada para intentar ganar el torneo ruso. Y en ese proceso puede que nazca otra que no conozcamos, otro Messi si se me permite la definición. Si se reconoce que la vida es cambio y nada más, ¿por qué creer imposible ver a un Messi totalmente diferente? Esto es lo que tiene el fútbol: nos recuerda siempre que sin adaptación y flexibilidad no hay futuro. ¿Cuál versión veremos? Por ahora nadie sabe si será, como casi siempre, Alfa y Omega o, si por el contrario, Sampaoli será capaz de que su selección se comporte como un equipo y no como una banda de músicos que apenas acompañan al gran solista. Y en esto que describo también debe estar pensando el 10.

AGRADECIMIENTOS

Todavía recuerdo aquella llamada. Era una tarde soleada del mes de abril. Yo estaba en el taller. Una de las ruedas de mi coche necesitaba de una reparación cuando, de pronto, mi móvil empezó a sonar. Era Mauro Medvetkin, de LIBROFUTBOL.com. Casualidades de la vida.

Me había leído en la fantástica revista *The Tactical Room* y me lanzaba la propuesta de escribir un libro de futbol. "¡Qué locura! ¿Cómo yo voy a escribir un libro?", pensé en ese momento. No soy escritor, tampoco periodista, únicamente un exfutbolista. Ni siquiera he llegado a jugar en la élite. Nunca lo había imaginado ni planteado. Después de la sorpresa inicial maduré la decisión. Pasados unos días fui yo quién le llamé para aceptar el reto.

Escribir un libro es un desafío. Un desafío difícil, laborioso y electrizante a veces. El camino está lleno de dificultades y de preocupaciones que se combinan con alegrías. También es una responsabilidad que he intentado asumir lo mejor que he sabido. Pero por encima de todo, un libro es una parte de uno mismo, una parte de la vida con la que se convive. He evocado mi ilusión y mi visión futbolística en él. He dado mi máximo.

Agradecer en primer lugar a Mauro Medvetkin y a todo el equipo de LIBROFUTBOL.com por su confianza y por brindarme esta oportunidad irrepetible.

Mi enorme agradecimiento también para Martí Perarnau, porque su gran confianza en mí ha sido el origen de toda esta historia.

Agradecer así mismo a Sique Rodríguez, David Saura, Jaume Marcet, Alfred González, Ricard Torquemada, Bruno Alemany, Natalia Arroyo, Albert Morén, Marçal Lorente, Ignacio Benedetti, Marc Guillén, Alberto Amil y José Luis Ortega por haber contribuido desinteresadamente en este libro con una dedicación como si fuera propio.

Agradecer enormemente a Ramón Besa que haya accedido a realizar el prólogo de este libro. Un referente inigualable como él que, así mismo, me ha demostrado su gran calidad humana. No hay mejor carta de presentación posible.

También quiero dar las gracias a todos los amigos que me han animado, ayudado y espoleado para que me atreviera con el proyecto. Así que Sergio Pintilla, Fontis, Nene, Fernando, Baieta, Jaume, Minerva, Albert, Xinosuke y Joan Fontes. Muchas gracias a todos. Habéis sido importantes para mí.

Agradecer y mostrar mis disculpas si dejo de citar a alguien importante para mí en este libro. Mi memoria a veces puede fallar.

A mis suegros Martí y Angelina. A mi familia, a mis hermanos Xavi y Fredi. A mi madre Angelina. Todos ellos han soportado mi locura futbolística. No solo eso, sino que me han acompañado, comprendido y animado a todo ello.

Mis últimos tres agradecimientos son los más espaciales para mí.

Para ti papa. Para ti Esteve. Él me educó en los valores de la humildad, el trabajo y la pasión por lo que amo. También él me enseño el amor por el fútbol. Te fuiste demasiado pronto, pero con una huella inigualable en mí. La mejor persona que nunca he conocido y, sin dudas, la que más me ha marcado en la vida.

Para ti Claudia. La mujer de mi vida que ahora es mi mujer. Siempre a mi lado en todo lo que he hecho. Sin excepción. Me ha complementado y me ha empujado cada vez que yo frenaba. Me respeta, me acompaña y aguanta en las cosas especiales que tengo. Y sobre todo, soporta mi pasión por el futbol. Imposible sin ella.

Para ti Arnal. Mi hijo, lo que más quiero en esta vida. Reconozco con satisfacción que estoy totalmente enamorado de él. Porque su mirada y su sonrisa ha sido, no sólo el empuje para completar este libro, sino el motor de mi vida. Este libro lleva su sello. Han sido miles las noches que escribía cerca suyo cuando él dormía. Sus respiros calmados en el silencio total han sido la inyección de energía más mágica para mí. Para mí, ha sido irrepetible e impagable. La mejor recompensa posible que uno puede tener.

SOBRE EL AUTOR

ÀLEX DELMAS

Nació en 1978. Es un exfutbolista y actual analista de fútbol.

Se formó futbolísticamente en el Granollers, donde debutó como profesional con solo 17 años. También tuvo un paso por el juvenil del FC Barcelona.

Luego se desempeñó en CE Sabadell, CE Premià, Mataró, CE Europa y la selección amateur de Catalunya. Terminó su carrera en 2013, siendo considerado uno de los mayores referentes del ascenso del fútbol catalán de su época.

Su visión sobre el juego lo llevó al mundo del análisis del fútbol, transformándose en uno de los referentes del entorno Barça. Es el comentarista técnico de todos los partidos del FC Barcelona en *Barça TV*. Al mismo tiempo es colaborador en *Ser Catalunya* (donde empezó con sección propia) y Televisión de *Catalunya (Esport 3)*.

A la vez puede apreciarse la opinión de Delmàs en el sitio web de *La Vanguardia*.

www.ingramcontent.com/pod-product-compliance
Ingram Content Group UK Ltd.
Pitfield, Milton Keynes, MK11 3LW, UK
UKHW021905190726
13853UKWH00002B/525